Taller de STORY COACHING

GABRIEL GARCÍA DE ORO

Taller de STORY COACHING

EL PODER DE LAS HISTORIAS AL SERVICIO DE TU CRECIMIENTO PERSONAL

PRÓLOGO DE PILAR JERICÓ

RBA

Ilustraciones de interior: Eva Janàriz

Av. Diagonal, 189 - 08018 Barcelona
www.rbalibros.com

Primera edición: octubre de 2021.

REF.: RPRA596
ISBN: 978-84-9187-603-8
DEPÓSITO LEGAL: B-14.365-2021

REALIZACIÓN EDITORIAL • EL TALLER DEL LLIBRE, S.L.

Impreso en España • *Printed in Spain*

No puedes volver atrás y cambiar el principio,
pero puedes comenzar donde estás y cambiar el final.

C. S. LEWIS

CONTENIDO

PRÓLOGO

Una de las frases que más me han acompañado a lo largo de mi vida se le atribuye a Milton Erickson, un famoso psiquiatra norteamericano: «Nunca es tarde para una infancia feliz», dijo allá por el siglo pasado. Si reflexionas sobre ella un poco, verás que es profunda y alentadora, que no solo sirve para aplicarla a nuestros primeros años de vida, sino también a nuestra vida adulta. Las personas tenemos la libertad de reinterpretar nuestro propio pasado e, incluso, de superar aquellas dificultades que pudiéramos vivir. Pero no solo podemos revisar lo que contamos para avanzar, sino que incluso nosotros mismos estamos hechos de historias, las que nos repetimos sobre lo que debería ser el mundo, o uno mismo, o las que utilizamos para entender lo que nos rodea. En otras palabras, somos creadores de nuestros propios relatos.

El yo es un conjunto de historias que nos sirven para justificarnos, para comprendernos o para diferenciarnos de los otros. Nuestra identidad está tejida de anhelos, de pequeñas victorias o de errores, de emociones pegajosas como el miedo o de otras que nos permitieron volar. En definitiva, relatos y relatos que nos repetimos en silencio y que nos configuran. Por ello, me atrevo a ampliar la reflexión atribuida a Erickson: nunca es tarde para tener un futuro más satisfactorio, en donde nos sintamos mejor con nosotros mismos. Y esto pasa, una vez más, por reescribir los relatos que nos ayuden a construir el futuro que deseamos. O como dice Gabriel García de

Oro, por el storycoaching o el arte de contar historias como camino de crecimiento personal.

De pequeños crecimos con cuentos, que nos sirvieron para conciliar el sueño, pero también para aprehender valores o actitudes inconscientes, que se quedaron almacenados en algún lugar de la memoria y que nos condicionan sin que nos demos cuenta. Héroes, princesas, malvados, reinos deseados, el «bueno» o el «malo»... se han ido incorporando a nosotros a través de relatos o de personajes que encarnaban los distintos arquetipos. Así aprendimos de pequeños, pero así seguimos haciéndolo.

El cine, la literatura o la publicidad no dejan de ser ventanas a otras leyendas, relatos o cuentos que nos conmueven, nos hacen vibrar o nos ayudan a soñar. Sin embargo, lo que resulta realmente novedoso es utilizar toda esa capacidad en el arte de ser una mejor versión de uno mismo, que es lo que nos propone Gabriel con este magnífico libro.

El concepto de storycoaching me ha fascinado. Habitualmente, en el mundo del crecimiento personal se aportan herramientas para superar miedos o para conquistar sueños, pero no siempre se despierta al narrador que habita en nosotros. Por eso me resulta tan interesante, porque es innovador y profundamente útil para cualquier persona. Además, está escrito a modo de taller, con una cercanía tal que parece que Gabriel nos lo explica a cada uno de nosotros. Como no podía ser menos, su narrativa está extraordinariamente hilvanada, como buen escritor de cuentos y novelas, que combina junto a su faceta de director creativo. A través de sus páginas te invita a recorrer la potencia de las narrativas en nuestra vida, la importancia de crear aquellos relatos que nos ayuden, que contengan su introducción, nudo y desenlace. Para todo ello, nos propone adentrarnos en el análisis de las estructuras de las buenas historias, reconociendo las fases, así como los elementos que han de tener y sus personajes. También nos invita a visitar los distintos héroes que podemos despertar, a analizar las fases de los viajes o los doce arquetipos en los que los personajes o nosotros mismos podemos habitar en nuestras historias. Todo ello, además, lo salpica con poesías, con información valiosísima y pequeños relatos que inspiran (confieso que he tomado muchas notas de su manuscrito).

Este libro es un taller, lleno de ejercicios prácticos, reflexiones y unos cuantos unicornios para poder seguir explorando el arte de contar historias. Pero los buenos libros, aquellos que dejan huella, nos conmueven, y esto solo se consigue cuando el autor no solo narra, cuenta algo interesante de lo que podemos aprender, sino también se expone y permite al lector asomarse a conocer quién está detrás de las palabras. Esto lo ha conseguido el autor con las páginas que tienes en tus manos. Gabriel ha explicado los hallazgos que ha ido aprendiendo a lo largo de sus años de experiencia, ha compartido anécdotas con su hijo, algunas incertidumbres e, incluso, su propio camino en el descubrimiento de su propósito, el cual es «alentar los sueños de las personas a través de las historias, tanto de las que yo creo como de las que se pueden crear ellos mismos». Así lo ha conseguido en estas páginas.

Por último, considero que Gabriel es uno de los autores a los que vale la pena seguir. Le conocí hace años a través de *El País Semanal* y de sus libros y ahora le leo a mi hijo de cuatro años sus cuentos, ya que combina el arte de contar historias con creatividad y con el conocimiento de las emociones y del ser humano. Por eso resulta tan inspirador.

Felicidades, Gabriel, por este libro.

PILAR JERICÓ
Escritora y conferenciante
www.pilarjerico.com

SOBRE MÍ

En un mundo tan numérico, tan de cifras, tan de resultados matemáticos, sigo, como tantas otras personas, creyendo que la diferencia está en dominar el arte de contar una buena historia, es decir, el arte del storytelling. A eso dedico mi vida, a eso me dedico en todos los aspectos de mi vida.

Si hablamos de lo profesional, como director creativo ejecutivo y *strategy advisor* en la agencia de comunicación Ogilvy Barcelona, sé que un buen storytelling, consistente y verdadero, no solo conecta con el público objetivo, sino que también cohesiona e inspira a los equipos de trabajo y a la propia compañía.

Como autor de literatura infantil, juvenil y de no ficción, con más de cuarenta títulos publicados, siento que no hay mejor manera que un relato para hacernos crecer, soñar, ¡despertar!

Como articulista, con columnas de divulgación publicadas en medios como *El País Semanal*, *Mente Sana*, *Cuerpo Mente* o *Expansión*, por citar algunos, disfruto acercando pensamientos y hallazgos que descubro en mis múltiples paseos creativos por las historias y aprendizajes que hay en otras vidas, en otros relatos.

Como coach certificado por la International Coaching Federation, soy muy consciente de que vivimos en las historias que nos contamos, y esos storytellings, claro, pueden ser posibilitadores o limitantes; conocer sus secretos es empezar a vivir una vida llena de significado, sentido y propósito. Sin duda, he aprendido que el camino que nos lleva a la autorrealización personal es un trayecto que haremos a través de una historia, de un storytelling. En eso creo y, desde ahí, creo. Ahora mi misión es que tú también creas y, como verás a lo largo de estas páginas...

¡Creer es crear!

SOBRE «TALLER DE STORYCOACHING»

Este libro que ahora tienes entre tus manos habla de la importancia de las historias, no solo de las que contamos a los demás, que también, sino de aquellas que nos contamos a nosotros mismos. Porque estas historias no solo configuran nuestros recuerdos, también nuestros proyectos y formas de afrontar el futuro. Nuestros propios relatos pueden hablar de nuestro pasado cuando, por ejemplo, rememoramos una determinada situación. Ese recuerdo concreto adquiere forma de historia en tu cabeza y en tu corazón. Con sus personajes, sus héroes y villanos, sus escenarios y contextos, su estructura de introducción, nudo y desenlace… Y como en el fondo ese recuerdo es una historia, hace lo que mejor sabe hacer, conectar emocionalmente, conectar con lo más profundo de ti. Todo tu ser revive esa emoción que experimentaste sin distinguir si se trata de ayer o de ahora mismo. Ese es el colosal poder que encierran las historias. Pero hay más.

Las historias que te explicas no solamente hablan del pasado, también lo hacen de tu presente. Quién estás siendo hoy, por ejemplo, en el trabajo, en tu relación de pareja, como padre, madre o en relación con tus sueños y expectativas. Quién estás siendo aquí y ahora e, incluso, cómo te sientes. Todo esto también tiene forma de historia, es puro storytelling. Porque todos somos capaces de examinar el presente convirtiéndolo en una narración y, por tanto, preguntarnos si me siento bien en esa historia, si estoy siendo quien quiero ser o si, por el contrario, necesitaría estar en el presente de otra manera para alcanzar los objetivos que quiero conseguir en un futuro. ¡Futuro! Tal vez esta sea una de las características más mágicas de los cuentos que nos contamos a nosotros mismos. Porque nos pueden enseñar el camino para ser quien queramos ser. Pueden vislumbrar una ruta que, ahora mismo, parece envuelta en la más espesa de las nieblas, pero que de esclarecerse nos acercará a la persona en la que deseamos convertirnos. O nos posibilitará el tipo de trabajo que queremos tener, o los sueños que no quiero que se queden dormidos en mi vida... Pasado, presente y futuro, como los maravillosos fantasmas de *Canción de Navidad*, de Charles Dickens (ya que estamos y estaremos hablando de cuentos, empecemos por esta maravilla).

Así que... sí, este es un libro acerca de storytelling, del arte de contar historias, pero también es un libro de coaching, de desarrollo personal. En el fondo, y como espero que compartas conmigo cuando lleguemos juntos al final del viaje, no puede ser de otra manera. Coaching y storytelling van de la mano, estoy convencido de ello. Y justo ahí late este nombre inventado de storycoaching, que no es ni más ni menos que una herramienta de descubrimiento a través de conocer cómo funcionan las historias que funcionan y, de este modo, usar este conocimiento para hacer funcionar tu propia historia. La tuya, la que quieras contarte a partir de ya mismo.

Toda narración poderosa tiene sus leyes. Sus secretos. Su estructura interna y sus trucos para llegar al espectador. Aquí sucede lo mismo, solo que, además, aprenderás a aplicar este conocimiento al diseño de la historia de tu vida, esa que te hará llegar al destino[1] que quieres alcanzar, a las metas que

---

1 Fue mi amigo Jordi Nadal, entusiasta lector y crucial editor, quien me hizo darme cuenta de que en el idioma español sucede algo maravilloso con la palabra *destino*. Si le cambias las letras de orden, obtienes *sentido*. *Destino* y *sentido*, mismas letras en distinto orden. Así que, tal vez, trabajar y avanzar hacia nuestro destino es tener una vida llena de sentido...

quieres lograr y a la vida que quieres obtener. Porque lo bueno de que estemos hechos de historias, de que nosotros mismos seamos una gran historia en el universo narrativo de la humanidad, es poder intervenir en ellas. Tú, yo... todos podemos explicarnos el pasado de otra manera y orientarnos al futuro en la forma que más nos convenga. Y este es el gran objetivo del libro, que puedas llevarlo a tu vida, que todo lo que leas y creas que puede ser de utilidad lo compartas, lo vivas, ¡lo practiques! Es por eso por lo que voy a pedirte un poco de colaboración, porque los miles y miles de palabras que hay aquí no tendrán sentido si tú no las incorporas a tu realidad, si no las utilizas para ser el autor de tu propia historia. Como verás, se pueden hacer muchas cosas con las palabras... y digo *hacer* en un sentido de construir, de fabricar... lo iremos descubriendo. Por el momento, esto: ¿cómo lo haremos? Con los ejercicios que irás encontrando en cada uno de los capítulos, diseñados especialmente para poner en práctica cada uno de los pasos. Aquí siempre me acuerdo de Benjamin Franklin y su inspiradora: «Dime y lo olvido, enséñame y lo recuerdo, involúcrame y lo aprendo». Pues bien, estos ejercicios tienen la intención de involucrarte y de que aprendas haciendo.

Sí, estoy convencido de que estos ejercicios te van a servir, es decir, los puedes poner a tu servicio. Pero, atención, porque no se trata de hacerlos una vez y ya está. Son ejercicios que puedes hacer tantas veces como quieras o necesites y, por descontado, adaptar o buscar nuevas y más sofisticadas versiones. Te invito a practicar. Es algo así como el gimnasio. No basta con correr veinte minutos de cinta o hacer cien flexiones un día. Para mantenerse en forma es indispensable entrenar, investigar, retar a nuestras capacidades, explorar nuevos caminos. Esa es la idea de cualquier gimnasio y, claro, de cualquier taller. Los ejercicios te dan la oportunidad de poder ir afilando esas herramientas que todos tenemos, aunque de no usarlas puede que se hayan oxidado un poco, si bien estar, están.

No es casualidad que todo esto que ahora estoy escribiendo tenga su origen en los talleres de storytelling que desde hace años imparto en Brother, la escuela de creatividad más premiada del mundo. Fue allí, al ir trabajando con mis alumnos, que nos dimos cuenta de que todo lo que servía para diseñar una historia de ficción (en cualquiera de sus formas, géneros o disciplinas) podía aplicarse perfectamente a uno mismo. Recuerdo un caso y un comentario que hice a un relato que leyó una chica:

—Está muy bien escrito, pero aún no es una historia.

—¿Por qué? —contestó ella, sin saber si alegrarse por la felicitación o preocuparse por no tener aún una historia completa.

—Porque solo hay introducción, falta el nudo y el desenlace.

—¡La historia de mi vida! —contestó ella.

En cualquier otra situación la clase entera hubiera explotado en una sonora carcajada. No fue así. Un silencio nos cruzó por dentro y, esta vez, la ausencia de palabras no significaba que no tuviésemos nada que decir, sino que cada uno, en nuestro interior, nos estábamos diciendo muchas cosas, estábamos viendo nuestras propias historias desde este punto de vista. Y ocurrió la magia. Por ejemplo, un alumno compartió que se había dado cuenta de que hacía bastante tiempo que, en lo relativo a buscar trabajo, estaba atrapado en la introducción:

—Quiero cambiar de trabajo. El que tengo no me llena y estoy dispuesto a hacer lo que haga falta para cambiar, pero no he pasado al nudo todavía.

Entonces le dije qué necesitaba esa historia para avanzar, para entrar en el nudo… que la mirase como si fuera pura fantasía, como si él no fuera el protagonista:

—Sé el creador y pregúntate qué tipo de emociones requiere el personaje para ponerse en marcha y avanzar.

Antes de contestar le invité a escribirlo en un papel porque así, escritas, las palabras tienen otro peso. Tal vez ya no pueden volar, pero sí atraviesan el tiempo. El caso es que lo escribió y, créeme, en menos de un año ese chico me escribió, en esta ocasión un correo electrónico, para informarme de que lo había conseguido, de que había encontrado un trabajo en el que se sentía bien, feliz y con un camino por recorrer que sentía como propio.

Y así fue como entre los alumnos y alumnas fuimos cambiando el sentido de los ejercicios, creando otros que nos parecían más adecuados y, poco a poco, dándole forma a algo nuevo, a algo que ya no era un taller acerca de crear y escribir historias que funcionan, sino de crear aquellas que queremos vivir. Entonces, al darme cuenta de la transformación que había sufrido el taller, le comenté a Mauro Suárez, uno de los fundadores de Brother, que valdría la pena crear un taller específico de storytelling orientado a la orientación de las propias vidas, valga aquí el juego de palabras. Él, conocedor de mi formación en coaching, soltó:

—¡Llámale storycoaching!

¡Bum! Te lo imaginas, ¿verdad? Pues no te equivocas. Nos encantó. Nos vimos reflejados en esa creación fruto de una mente brillante y orientada a la educación de los jóvenes que no se conforman... Vaya, que así fue y aquí estamos, ahora, tú y yo. A punto de empezar lo que espero que sea una gran historia. Tu gran historia.

Una cosa más. ¡Prepara una libreta! Una nueva, por estrenar, como el futuro que estás a punto de crear. Personalízala, hazla tuya, propia y personal. Convierte ese puñado de hojas vacías en tu libro en blanco, en tu espacio de crecimiento, en tu laboratorio de creatividad. Haz allí los ejercicios. Escríbelos y tenlos, a modo de diario, todos juntos. En el presente, y en un futuro no muy lejano, te servirá de guía, de brújula, y te ayudará a recuperar y hacer de nuevo aquellos ejercicios que más te hayan gustado o que más te hayan inspirado o, por qué no, que más te hayan costado. Incluso, algunos a los que no encuentres utilidad hoy o sientas que están lejos de tu realidad, mañana pueden ser cruciales para ti. Yo mismo hago una y otra vez los ejercicios que encontrarás aquí. ¿Por qué? Para no olvidarlos, para no perder la forma y para seguir creciendo con ellos. Piensa en Lebron James, en Rafa Nadal o en Carolina Marín, da igual, sea baloncesto, tenis o bádminton. Los tres entrenan, se dedican, repiten una y otra vez los mismos movimientos para llegar en plena forma al partido, llenos de confianza y seguridad en sí mismos. Pues aquí lo mismo. La libreta es el campo de entrenamiento. La vida será el partido. Además, está demostrado que llevar un diario (este en forma de bitácora creativa) tiene grandes beneficios emocionales e incluso físicos.[2]

---

2 Si te interesa el tema de la escritura terapéutica y de los beneficios de llevar un diario, puedes consultar el artículo que escribí para *Mente Sana* titulado «Querido diario… ¡Me has cambiado la vida!», aparecido el 22 de junio de 2020: https://www.cuerpomente.com/psicologia/desarrollo-personal/como-escribir-diario_1248.

INTRODUCCIÓN

STORYTELLING, EL ARTE DE CONTAR HISTORIAS

Desde hace tiempo las empresas han entendido que el storytelling es una herramienta poderosa no solamente para vender sus productos o darles un valor diferencial, sino también para cohesionar a los empleados, crear una cultura corporativa, generar dinámicas positivas de equipos y, en definitiva, construir una imagen sólida que les permita incrementar los beneficios. Sí, en el universo del marketing, la palabra *storytelling* se repite tanto y tantas veces como pueden hacerlo, por ejemplo, *balance de resultados*, *recursos humanos* o *margen de beneficio*. Sin embargo, y al contrario de lo que sucede con otros conceptos, si hacemos una rápida búsqueda en internet para averiguar el padre o la madre del término *storytelling*, no conseguiremos demasiado. Así como en lo referido a marca personal (*personal branding*) podemos descubrir sus orígenes en un artículo en la revista *Fast Company* titulado «The Brand Called You» que escribió el gurú Tom Peters,[1] cuando escarbamos en storytelling, como mucho encontraremos referencias de compañías que han sido grandes maestras en su uso, como pueden ser Coca-Cola, Apple o Patagonia, por poner algún ejemplo más reciente. Pero

1 Tom Peters es, probablemente, el coach más influyente del mundo, sobre todo desde el punto de vista empresarial. Uno de sus libros más populares es, sin duda, *En busca de la excelencia*, escrito con Robert H. Waterman Jr. Publicado en 1982, se ha llegado a calificar como el mejor libro de negocios de todos los tiempos.

ningún creador o creadora en particular, ningún visionario en concreto. ¿Por qué? La respuesta es sencilla, el storytelling, el arte de contar historias pertenece a la humanidad.

Desde que los seres humanos empezamos nuestra aventura por este planeta, hemos contado historias, relatos, fantasías. Parafraseando a Vargas Llosa, hemos contado grandes mentiras para contar grandes verdades. Y esto no es por casualidad, sino que se debe a que «nuestro cerebro se implica de forma diferente cuando explicamos una historia que cuando nos limitamos a enumerar acontecimientos. Por ejemplo, al leer simples datos se activan en nuestro cerebro solamente las partes del lenguaje encargadas de descifrar su significado. Sin embargo, cuando esas mismas referencias forman parte de un relato o de una metáfora que va más allá de la mera descripción, también se activan las partes que el cerebro usa cuando estamos viviendo una experiencia real. Las historias consiguen involucrarnos, nos emocionan, desarrollamos una mayor empatía, así como habilidades sociales complejas. Además, consiguen que el mensaje perdure, se entienda mejor e incluso que se esté más dispuesto a actuar».[2] ¡Dispuestos a actuar! Claro, ¡cómo no iban a usar las empresas una herramienta como esta! Si quieres concienciar a alguien de la importancia de ser prudente cuando esté conduciendo, ¿qué crees que va a ser más eficaz, mostrarle las estadísticas de la Dirección General de Tráfico o contarle una historia de cómo las temeridades rompen vidas? Si queremos que alguien deje de fumar, le podemos enseñar los datos de cáncer de pulmón del Ministerio de Sanidad asociados al tabaquismo o un testimonio real de alguien que ha estado a punto de perderlo todo por culpa de esta droga. Estos solo son dos ejemplos, tan crudos como reales, pero lo mismo sucede con transmitir los beneficios de la meditación o, incluso,

2 García de Oro, Gabriel, «No lo explique, ¡cuéntelo!», *El País Semanal*, 27 de marzo de 2016, https://elpais.com/elpais/2016/03/18/eps/1458316834_250775.html

que nos contraten en una entrevista de trabajo o conseguir una inversión para nuestro proyecto personal. Si queremos que la otra persona actúe, deberemos involucrarla a través de una historia. Porque ahí radica el gran poder de las historias bien contadas, que nos hacen sentir parte de ellas, de las que queremos ser parte, de las que estamos dispuestos a formar parte... Como decía la gran poeta estadounidense, Maya Angelou: «He aprendido que la gente olvidará lo que has dicho, olvidará lo que hiciste, pero no olvidará nunca lo que les hiciste sentir». Ese es el poder del relato, que nos hace sentir. Más allá de las palabras. Nos golpea y nos hace reflexionar acerca de nosotros mismos porque, en una historia bien contada, nos reconoceremos. Da igual que hable de hadas, elfos o de una civilización perdida, nos hará sentir, nos sentiremos parte y nos veremos a nosotros mismos.

Si queremos que la otra persona actúe, deberemos involucrarla a través de una historia.

Pero hay más, mucho más. El storytelling también puede servirnos para crecer, para evolucionar y convertirnos en personas plenas, satisfechas y felices, porque, al fin y al cabo, ¿qué es un cuento sin un final feliz?

La buena noticia es que este poder de las historias ya lo hemos usado, ya lo conocemos, el único problema es que lo hemos olvidado o que ya no lo reconocemos. Pensemos. ¿Cuál es la etapa de nuestra vida en la que más hemos crecido? ¿En la que más hemos evolucionado? ¿En la que hemos pensado que todo era posible? ¡Exacto! ¡Nuestra infancia! Decía Novalis, el poeta y filósofo alemán, que ahí donde hay niños está la edad de oro. ¡Exacto! Volver a nuestra infancia es volver a nuestra edad de oro. Regresar a nuestras fuentes originales y descubrir que «gracias a los cuentos, los más pequeños aprenden. Muchas cosas. Veamos. Por ejemplo, estimulan su imaginación, es decir, su capacidad para crear imágenes. Y, claro, con las historias fomentan su creatividad a la vez que adquieren un lenguaje más rico, acertado y profundo. Es curioso que tanto la imaginación como la creatividad son dos de las competencias generales más demandadas en las nuevas realidades empresariales. Los cuentos también nos ayudan a desarrollar la empatía y a entender las emociones. A su vez, cuando contamos un cuento a un niño o a una niña, se estrechan los lazos afectivos. Entre quien cuenta y quien escucha se produce la sutil magia de la compasión, entendida como el acompasar de dos corazones en el devenir de los protagonistas de la historia que avanza. Más. No menos importante. Los cuentos nos preparan, en escenarios inventados y seguros, para vivir situaciones complejas. Y eso nos permite afrontar mejor el miedo, la ira, la pena, la pérdida, la alegría, el asco... Y todo dentro de un entorno controlado».[3]

A mi hijo Mauro y a sus amigos suelo hacerles una broma cuando me preguntan, con esa deliciosa impertinencia de la infancia, cuántos años tengo. Yo, serio como si estuviese contestando a mi gestora, digo que tengo ocho años. Ellos protestan, me acusan de estar mintiendo, pero yo, que sigo con mi cara de financiero aficionado, les respondo que es verdad y que, además, se lo puedo demostrar. Siguen con sus quejas, se forma ese coro de vocecillas chillonas y excitadas, alguno me tira de la manga, otros se ponen a saltar y a dar patadas al aire, como queriendo alejar esas palabras, porque no hay nada que descoloque más a un niño que la certeza de que un adulto está mintiendo, aunque eso daría para otro libro. El caso es que al final les confieso que tengo ocho años. Y nueve. Y diez. Y veinte, y así hasta todos los que ya tengo. Y que, de la misma forma, ellos no solo tienen nueve años o diez, también seis y cuatro. Al final, tanto mi hijo como sus amigos se van un poco decepcionados porque yo, algo coqueto, no les quiero confesar la última edad que he cumplido. En mi defensa diré que, como sabes, a los niños cualquier cifra que pase de los veinte les resulta difícil de imaginar, una cifra digna de compasión. Tal vez porque son demasiadas ve-

---

3 García de Oro, Gabriel, «El cambio que deseas», *Mente Sana*, núm. 150.

las en un pastel, imposibles de apagar de un solo soplido a no ser que seas un lobo con unos buenos pulmones.

Esta anécdota la uso recurrentemente en los talleres de storytelling para convencer a los asistentes que tenemos muchas edades y que los cuarenta incluyen los treinta y los siete y que, siendo conscientes de esta obviedad, podemos volver a esos aprendizajes para traerlos al presente y que, así, nos vuelvan a dar el mismo servicio que nos dieron. Por tanto, podemos volver a nuestros héroes y heroínas de la infancia, que, a través de sus historias, nos hicieron soñar, entender y descubrir la magia que habita en nosotros. Es muy posible que las rutinas, el día a día y una falsa concepción de lo que es madurar hayan enterrado esos primeros cuentos que nos transmitieron poder, que nos hicieron sentir capaces de todo. Da igual. Lo bueno de las cosas enterradas es que se pueden desenterrar en forma de tesoro, ¡si no que se lo pregunten a los piratas!

¿Qué te parece, entonces, si para empezar a reconectar con el poder de las historias vuelves a conectar con los cuentos de tu infancia?

EJERCICIO Tus cuentos de la infancia

Piensa en los que fueron tus cuentos favoritos en la infancia, aquellos que te vienen ahora a la mente. Inaugura tu libreta contestando a estas preguntas:

- ¿Quién te los contaba? ¿Recuerdas dónde? ¿Qué sentías?
- ¿Qué te enseñaron esos cuentos? ¿En qué crees que te ayudaron?
- ¿Qué pueden enseñarte ahora? ¿En qué te pueden ayudar ahora?
- ¿Quién lo protagonizaba? ¿Qué crees que te diría hoy si quedaseis para tomar un café?

Si tienes la oportunidad de volver a entrar en esos cuentos, hazlo. Léelos ahora. Verás que algo se enciende dentro de ti.

TUS CUATRO HERRAMIENTAS PRINCIPALES

Pues bien, esto es un taller. En forma de libro, pero un taller que funciona como cualquier otro, por lo que ha llegado el momento de que te familiarices con las cuatro herramientas principales que primero vas a descubrir y con las que después practicarás. Si te fijas, he dicho *descubrir*. Uso esta palabra en su sentido más etimológico. Imagínate que estás entrando a un antiguo taller que lleva cerrado mucho tiempo. Levantas la persiana, enciendes la luz y empiezas a ver el polvo revoloteando por el aire, casi como si te diera la bienvenida. Desde la entrada compruebas que todo sigue en su sitio. En medio, reclamando un espacio protagonista, una gran mesa de madera, marcada con lo que parecen cicatrices. Tú sabes que no lo son, se trata de las señales del trabajo que allí se realizaba. ¿Tal vez estés pensando en un taller de carpintería? Yo sí, pero permítete dejar volar la imaginación, pues, cuanto más libre vuele, más alto lo harás tú. El caso es que en ese taller también observas, apartados en un rincón, lo que a unos ojos infantiles les parecería una serie de fantasmas pequeños. Tal vez lo sean, porque allí están tus herramientas, ahora cubiertas, como se hace con los muebles cuando uno prevé una larga temporada fuera de casa. Ahora has vuelto a casa, toca *des-cubrir* esas herramientas, sacarles la cobertura. En este taller de aquí, el de estas páginas, estas herramientas no son extrañas. Son tuyas. Pertenecen a todos los seres humanos. Lo que pasa es que unos las usan más que los otros. Simplemente eso.

Ha llegado el momento de desempolvar las cuatro herramientas básicas del arte de contar historias. Vale la pena recordar que hay muchas más, tantas como te convengan, digamos que esto es solamente un *starter pack*. Cuando empieces a avanzar por el camino del storyteller tú mismo irás completando tu caja de herramientas. Pasa en cualquier arte, y esto lo es: el arte del storytelling aplicado a tu desarrollo personal. Así que, una vez más, permítete adaptarlas, recrearlas y manipularlas de tal manera que te sean de utilidad, que se adapten a ti, y no al revés. Además, a lo largo del camino serás capaz de fabricar tus propios recursos. Esa es la clave. Y vuelvo al arte o artesanía, ¡qué más da! El caso es que el arte es eso, una manera especial, propia y particular de ejercer alguna disciplina. No se puede competir. Sería absurdo decir que todos los escultores deben esculpir como Miguel Ángel porque fue el mejor y punto. El arte no es así, que existan artistas considerados excelentes no significa nada para quien empieza, salvo que tal vez pueda aprender e inspirarse en sus obras para incorporarlas a su propia visión.

El arte es una manera especial, propia y particular de ejercer alguna disciplina. No se puede competir

Lo mismo ocurre con los ejercicios. Te voy a proponer algunos que a lo largo de los años he comprobado que funcionan para mantener las herramientas afiladas. Y cuando digo que lo he comprobado no solo me refiero a que lo he compartido con los alumnos (incluso hoy me llegan mensajes de que siguen usándolos y les siguen sirviendo), también hablo de mí. Aun hoy sigo haciendo estos ejercicios regularmente para mantenerme en forma, para que mi cabeza, mi creatividad y mi capacidad de contar historias no se atrofie. Pero hay más. Tú descubrirás más, tú podrás crear los tuyos propios.

Herramienta número 1: la mirada

Empecemos con Sherlock Holmes, uno de los héroes que más me han inspirado y acompañado a lo largo de mi vida. Como tantos miles de fans, me siento fascinado por sus casos, por su manera de resolverlos y por todo el universo que creó sir Arthur Conan Doyle. Tan poderosa es esta ficción que, según una encuesta publicada en 2008 por la cadena UKTVGold, el 58 % de los jóvenes británicos cree firmemente que Sherlock

Holmes existió realmente, dato curioso teniendo en cuenta que el 23 % de estos mismos encuestados declaraba que Winston Churchill, primer ministro británico durante la parte más oscura de la II Guerra Mundial, es un personaje de ficción. Como puedes comprobar, aquí tenemos el poder de la narrativa en su máximo esplendor. Pero no vamos a detenernos en esto, sino en cómo este personaje es el primer superhéroe de la historia, el modelo en el que se edificó toda esta mitología moderna que bien podría competir con los dioses griegos.

Como todo superhéroe que se precie, Sherlock Holmes posee un uniforme fácilmente reconocible: gabardina que hace las funciones de una heroica capa, gorro de caza que le cubre parte del rostro como un antifaz y su inseparable pipa, elemento que cierra su caracterización. Así como Batman se resguarda en la Batcueva o Superman en la Fortaleza de la Soledad, el detective lo hace en el 221B de Baker Street. Hay más, porque Holmes no va solo, le acompaña Watson, ¿no nos recuerda a Robin o a Bucky del Capitán América? ¡Ah!, y también trabaja en un laboratorio con una tecnología muy avanzada para su época, como puede hacer Iron Man, el propio Bruce Wayne o el doctor Robert Bruce, es decir, el increíble Hulk. Y si hablamos de amor, pues claro, nuestro superhéroe victoriano está perdidamente enamorado de una ladrona, Irene Adler, como Batman siente una atracción fatal por Catwoman o Lobezno por la misteriosa y devastadora Fénix Oscura. Y, por supuesto, el círculo no estaría completo sin el villano, el antagonista, la némesis, como veremos capítulos más adelante. Moriarty es el reverso oscuro de Sherlock, al igual que Lex Luthor lo es de Superman, Joker de Batman...

Seguramente, de entre todos los superhéroes, es muy sencillo establecer el paralelismo entre Holmes y Batman. Incluso, si pensamos en Alfred Pennyworth, el mayordomo de la mansión Wayne, encontramos, por parte de Holmes, a la señora Hudson, que se preocupa de que nunca le falte una comida caliente ni una taza de té cuando llegan las cinco de la tarde.

No es casualidad. Las aventuras de Batman aparecieron en el sello DC Comics. DC por Detective Comics, ya que en sus primeros años de vida Batman era un detective que resolvía casos al más puro estilo de la novela negra. Por aquellos tiempos los superhéroes no habían virado hacia la ciencia ficción. Pero falta algo, ¿verdad? ¿Cuál es el superpoder del superhéroe Sherlock Holmes? No es una superfuerza venida del espacio exterior como la de Superman. Tampoco es la capacidad de manipular la realidad, como tiene el Doctor Strange, o el sentido arácnido fruto de la picadura de una araña radioactiva, como le pasa a Peter Parker. El superpoder de Holmes es la observación. Mirar, tan sencillo como una mirada poderosa que le permite hacer deducciones increíbles y resolver los misterios más enrevesados. Cuando Sherlock entra en la escena del crimen activa esa mirada y consigue ver lo que el inspector Lestrade (otro paralelismo con Batman, por cierto, y el comisario Gordon) no es capaz de percibir. Lo tiene delante de los ojos, pero se le pasa por alto. El inspector no está entrenado en la mirada atenta, activa y de presencia plena. Pues bien, esta es la primera herramienta que necesitas descubrir: la mirada, la observación y la percepción del entorno.

En cualquier actividad creativa la mirada es vital, absolutamente fundamental. Crear empieza por una particular forma de mirar. ¡Darse cuenta para poder contar! Es como un axioma básico, una consigna llena de energía transformadora, así que la voy a repetir: ¡darse cuenta para poder contar! ¿Cómo se hace eso?, puede que te estés preguntando. Pues la clave es mirar el mundo que habitamos con curiosidad infantil, ¿recuerdas? Como si fuera nuevo, por estrenar. Como si estuviésemos por primera vez en esa misma habitación en la que llevamos años estando, pero que ya hemos dejado de ver. Decía Marcel Proust, el gran novelista francés autor de *En busca del tiempo perdido*, que el verdadero viaje de descubrimiento no consiste en buscar nuevos paisajes, sino en mirar con nuevos ojos. Esos ojos nuevos, incluso, van más allá de los ojos físicos. La mirada, tal como la vas a utilizar aquí, es percepción, es, como hemos dicho, darse cuenta de lo que está, pero también de lo que falta, como en el curioso incidente del perro a medianoche, anécdota de Sherlock Holmes (ya que nos está acompañando en este capítulo) de su aventura corta «Estrella de plata» y que da título a la famosa novela de Mark Haddon *El curioso incidente del perro a medianoche*. En esta ocasión, Gregory, de Scotland Yard, le pregunta al detective:

> —¿Existe algún otro detalle acerca del cual desearía usted llamar mi atención?
>
> Holmes responde:
>
> —Sí, acerca del incidente curioso del perro aquella noche.
>
> Y Gregory se sorprende:
>
> —El perro no intervino para nada.
>
> —Ese es precisamente el incidente curioso.

Por tanto, aquí la mirada está en la escucha, concretamente en lo que no ha escuchado y que le ayudará a resolver el caso.

Mirar atentamente produce que ciertas cosas, acontecimientos, detalles... nos llamen la atención y, como decía Chesterton, autor británico creador de otro famoso detective, el Padre Brown, nos familiaricemos con lo maravilloso y nos maravillemos con lo familiar. Y eso, claro, se entrena. Se afila. Nos hace crecer a través de la práctica. Nosotros, como creadores de historias, ¡y de nuestra propia historia!, oiremos muchas veces que nos dirán: «¿Cómo te has dado cuenta de esto?», y responderemos: «Con la mirada». Pero antes de pasar al ejercicio, quiero decirte que aún hay otro tipo de mirada. O, mejor dicho, hay otra orientación de la mirada. La que no mira al mundo exterior, sino que mira al mundo interior. Que se repliega en nosotros mismos y nos descubre cosas que ahí están, ocultas, en un rincón. Tapadas y tal vez reprimidas. Ese es un material extraordinario para cualquier creador, para toda creadora. Al igual que Sherlock Holmes era capaz de desentrañar cualquier misterio, aquí sucede lo mismo. Porque somos un misterio personal. Porque sacaremos de las entrañas (de ahí, *desentrañar*) lecciones, aprendizajes, deseos y necesidades. Y los airearemos, los pondremos a la luz de nuestra conciencia. Haruki Murakami, en su libro *De qué hablo cuando hablo de escribir*, que no deja de ser un acto de generosidad donde comparte con nosotros su visión como creador, nos confiesa que, para él, la narración es un acto de coraje. De ir bajando, como si de espeleología se tratara, a lugares cada vez más profundos de su ser. Profundos y oscuros donde habitan entidades, pensamientos... seres y posibilidades que le dan miedo, pero que para avanzar y progresar como escritor necesita afrontar. Es un viaje de vida. De crecimiento personal. De conocimiento profundo de uno mismo. Y si uno se conoce profundamente a sí mismo, conoce a toda la humanidad. Pues bien, de ese tipo de mirada estamos hablando. Y a esa mirada se llega en silencio. A través de la meditación. Esto también es mirada. También poderosa. ¡Y gratis! Porque para ello solo necesitamos no hacer nada. Nada. Qué difícil, ¿verdad? O no. Todo es ponerse y empezar.[4] Como con los ejercicios.

---

4 Si te interesa el tema del silencio y de la meditación y quieres iniciarte por este increíble y eterno camino de descubrimiento, te recomiendo un libro muy revelador: *Biografía del silencio*, de Pablo d'Ors, publicado en Siruela: «La meditación nos concentra, nos devuelve a casa, nos enseña a convivir con nuestro ser, nos agrieta la estructura de nuestra personalidad hasta que, de tanto meditar, la grieta se ensancha y la vieja personalidad se rompe y, como una flor, comienza a nacer una nueva».

EJERCICIO ¡Mira!

Para este ejercicio no necesitas nada más que a ti mismo, a ti misma, y no necesitas hacer otra cosa que estar; estar presente, mirando. Nada más. Puedes hacerlo ahora mismo, sin grandes preparativos. Seguramente estarás leyendo en tu habitación, en el comedor o en un lugar en el que ya has estado muchas veces. Si no es así, no pasa nada, pero el ejercicio es más poderoso si el lugar en el que te encuentras es uno habitual, habitado muchas, muchas veces por ti. Bien, ahora, durante dos minutos, mira. Y hazlo con ojos nuevos. Busca algo que te llame la atención, algo, incluso, que no te habías dado cuenta de que estaba allí o de que falta. Algo que no esté en su lugar o algo que esté, casi milagrosamente, en su sitio. Lo que sea. Cuando pasen esos dos minutos, apúntalo en tu libreta, explica por qué te has fijado en eso.

Por supuesto, este ejercicio, como casi todos los que encontrarás en el libro, tiene sus variantes. Por ejemplo, durante un recorrido habitual, sea ir al trabajo, sea ir a comprar el pan, puedes tratar de ver algo que te sorprenda. Sea lo que sea. El bastón de un anciano que parece el báculo de un hechicero, por ejemplo. El grafiti en la pared que te arranca una sonrisa, la manera en la que una chica habla por su teléfono móvil... Da igual, la clave está en mirar.
Si quieres profundizar aún más en el poder de la mirada consciente y plena, así como en su capacidad para conectar ya no solo con el entorno sino con los demás, con el siempre distante otro, te recomiendo que pruebes este ejercicio, para el que necesitarás, eso sí, una pareja de juego. Se trata de ponerse, la otra persona y tú, frente a frente y mirarse a los ojos sin desviar la mirada. En silencio durante cuatro minutos, tiempo que, según las teorías del psicólogo Arthur Aron, aumenta la intimidad. Y eso se produce con personas cercanas y con los absolutamente desconocidos. La manera en la que conectarás es humana, tan fácil y complejo como eso. Y es precisamente humanidad lo que, bajo estos principios, consiguió Amnistía Internacional, en su delegación

de Polonia, con el experimento «Look Beyond Borders», donde europeos y refugiados se miraban a los ojos durante esos cuatro minutos de mágico poder y se producía el milagro. Porque dejamos de ver al otro como una cosa, como algo deshumanizado que es «solo» eso, una etiqueta, un refugiado, para verlo como un ser humano. Y es solo así, viendo al otro como ser humano, que emerge nuestra compasión y se difumina nuestra indiferencia. Esta campaña, creada por la agencia DDB&Tribal Varsovia, es una de las más transformadoras que he visto en mi carrera en la publicidad. Si quieres disfrutar y maravillarte con lo que es capaz de producir la creatividad, es decir, capaz de conectar con lo más profundo del ser humano, te aconsejo que busques el vídeo en YouTube («Look Beyond Borders – 4 minutes experiment»).

Herramienta número 2: la palabra

Seguimos avanzando y enlazando ideas y conceptos. El anterior apartado lo hemos cerrado hablando del experimento «Look Beyond Borders» de Amnistía Internacional y hemos comprobado, lo has visto con tus propios ojos, nunca mejor dicho, que es pura humanidad. ¡Humanidad! Si hay una frase que repito en cada taller, charla o conferencia es esta de Publio Terencio Africano: «*Homo sum, humani nihil a me alienum puto*», lo que en nuestro idioma viene a decir algo así como que soy humano y nada de lo humano me es ajeno. Cuando la utilizo me sirve para remarcar la importancia de que el creador, sea de historias de ficción, de posibilidades personales, de cuadros o de música, tiene que estar conectado con lo humano, con lo que nos configura como especie, con todo aquello que nos hace únicos y especiales. Si entiendes esta oración en su totalidad, amplitud y profundidad, ya no necesitarás nada más para crear lo que te propongas. Sea lo que sea, porque todo aquello que es humano es material para crear, es una ocasión para conectar, ya sea con los demás o con nosotros mismos. Dicho esto, ¿hay algo más humano que el lenguaje? ¿Hay algo más propio de nuestra especie que el ser capaces de usar palabras?

No pretendo hacer aquí un simulacro de tratado de lingüística ni de filosofía del lenguaje, sin embargo, sí es importante que los dos, tú y yo, estemos de acuerdo en la idea de que las palabras son poderosas y de que el lenguaje nos puede limitar o empoderar. ¡Las palabras son pura magia! Seguramente no es casualidad que los conjuros, los hechizos y los encantamientos se hagan con palabras, como mínimo la mayoría de ellos. Fíjate en que a través de las palabras podemos influenciar en una persona y hasta causarle cambios físicos. Sin tocarla, sin ponerle un solo dedo encima, podemos herir al otro o alegrarle, entristecerle, excitarle... y todo esto solo con sonidos que salen de nuestra boca. Sí, el lenguaje es creador. La palabra es generadora de realidades. Y esta idea la podemos encontrar desde los textos sagrados, como la Biblia, hasta la filosofía de John Langshaw Austin. Sí, sé que he dicho que no haría un tratado de lingüística y tampoco pretendo hacer uno de teología, pero es especialmente revelador que veamos los orígenes míticos del Universo: «Y dijo Dios: Sea la luz; y fue la luz».[5] O sea, si fue, fue nombrando, con palabras... ¿acaso no somos su imagen y semejanza?

Si te resulta demasiado místico este enfoque, no pasa nada. Veamos el de J. L. Austin. En su libro *Cómo hacer cosas con palabras*, donde se recogen las conferencias que dio en Harvard, el filósofo británico nos revela que el lenguaje no es meramente descriptivo, sino que también es generativo. Es decir, el lenguaje no sirve solo para describir: esta mesa tiene cuatro patas; esta camisa es blanca; el niño come una piruleta. El lenguaje también sirve para generar realidades que aún no están en el mundo y que, si coordinamos eficazmente los actos del habla, conseguiremos que estén. Por ejemplo, tú y yo

---

5 Génesis 1:3-5, según la edición Reina Valera de la Biblia de 1960.

podemos ponernos de acuerdo en quedar e ir a hacer un pícnic al campo. Esta realidad (tú y yo haciendo un pícnic) no está en el mundo, no existe ni siquiera en la historia, pero, de coordinar bien los actos del habla y usando el lenguaje apropiadamente, podríamos hacer que existiera. ¡Abracadabra total!

Mediante el lenguaje podemos generar realidades que aún no están en el mundo. Si coordinamos eficazmente los actos del habla, conseguiremos que estén.

Entonces, y como seguramente debes de haber deducido, para un storyteller, para un creador de historias, las palabras son una herramienta tan indispensable como infinita. Porque son los ladrillos con los que vamos a construir el lenguaje con el que vamos a edificar las historias en las que viviremos, nos recrearemos, nos desesperaremos, nos proyectaremos... Las palabras son, así, una herramienta infinita que nunca tendremos completa y, por tanto, siempre podremos seguir ampliando. Eso es fantástico. El primer paso es el que hemos dado, ser conscientes de lo poderosas que son y, así, ser cuidadosos en su uso, tanto para los demás como para nosotros mismos. El doctor Miguel Ruiz, en el libro *Los Cuatro Acuerdos*, donde nos acerca la sabiduría de los toltecas, nos revela que el primer acuerdo es precisamente ser impecables con las palabras. Impecables de ida y de vuelta. Es decir, ser impecables con aquellas palabras que lanzamos al mundo, a los demás, y, sobre todo, con las que nos dirigimos a nosotros mismos. Cada vez que nos hablamos sin respeto, en cada ocasión que nos decimos cosas como «soy tonto», «no valgo para nada» o «esto me queda grande», estamos generando una realidad tan desagradable como contraproducente. ¿Quieres cambios en tu vida? Empieza por cambiar la manera en la que te hablas y en la que hablas a los demás. ¡Magia, otra vez, sí!

Hemos dicho que debemos ser conscientes del poder de las palabras, pero también, para ello, es muy útil desatar su significado oculto. ¿Cuál es? ¿De qué estoy hablando? Estoy hablando de la etimología, o sea, de dónde proviene su significado. Veamos un ejemplo. Si yo digo que hoy el día ha sido un desastre, así, sin más, sin conocer la etimología de esta última palabra, seguramente estoy queriendo decir que el día no ha ido, precisamente, como había previsto. Vaya, que me ha ido mal, muy mal. La cosa cambia si conozco que *desastre* viene de *dis-astrum*. *Dis-* significa 'separación por múltiples vías' y *astrum*, 'estrella'. Antiguamente, esta palabra era un término astronómico para referirse a la observación de un cataclismo estelar en el que una estrella se disgregaba en mil direcciones hasta desaparecer de nuestra vista. *Desastre*, para mí, significa no solo que esa estrella ha desaparecido, sino que me he quedado sin estrella en el firmamento, sin nada que me guíe, en mitad de la noche oscura bajo un cielo absolutamente apagado. ¿Cambia tu percepción? Seguro. Es más, sabiéndolo, es posible que prefieras usar otra palabra y reservar *desastre* para cuando, realmente, sientas que el día, efectivamente, ha sido un desastre en el que tu estrella ha explotado en mil pedazos. Pero no hace falta ponerse tan fatalista, lo mismo ocurre con palabras como *recordar* (*re-cordis*), 'volver a pasar por el corazón'. O *felicidad*, que proviene de *felix*, o sea, 'fecundo', 'fértil, 'productivo'... Qué bonita etimología, desenterrando su significado original no me extraña que tantos estudios avalen que las empresas que se dedican a que sus trabajadores sean felices son más productivas y consiguen mayores beneficios. Más fecundas, vaya. Consideraciones laborales al margen, la etimología nos hace sentir ese poder, ese significado, esa potencia y fuerza de las palabras. Te aconsejo que colecciones etimologías, palabras poderosas que te sirvan, que llamen tu atención, que te amplíen su significado habitual, que, precisamente por habitual, usas sin ser consciente de lo que estás usando.

Debemos ser conscientes del poder de las palabras, pero también, para ello, es muy útil desatar su significado oculto.

Gabriel Celaya, el gran poeta nacido en Hernani, nos dejó

un regalo en forma de verso: «La poesía es un arma cargada de futuro». Pues bien, si consideramos que la poesía se hace con palabras... pues eso, que las palabras no solo están cargadas de pasado, sino también de futuro. De posibilidades. De creatividad.

Como curiosidad te diré que aún recuerdo cuando empecé a trabajar como creativo publicitario y mis compañeros con más experiencia siempre tenían a mano un diccionario etimológico. Claro, yo les imité y me compré un ejemplar. Lo hice porque funcionaba. No es que consultando la etimología estuviera todo hecho, simplemente era la manera de empezar, de ensanchar nuestra perspectiva y de ponernos en sintonía creadora. Te cuento esta pequeña anécdota porque los creativos profesionales, aquellos que se jugaban su sueldo y su prestigio en cada presentación al cliente, usaban la etimología como herramienta fundamental. Y no era mala idea, la verdad.

EJERCICIO Mi inventario de palabras mágicas

Ya que estamos con el poder de las palabras, observa que, en el título de este ejercicio, he utilizado la palabra *inventario*, no lista. Inventario viene del latín *inventarium*, que significa 'listado de lo hallado'. En este ejercicio te propongo que busques, que encuentres palabras que te llamen la atención, palabras que tengan una fuerza especial, una magia que te resuene. Apúntalas, explícate por qué las has elegido y qué nuevos caminos sospechas que te pueden ofrecer. No es importante el número, da igual que empieces con diez o con una sola palabra, lo importante es ir recolectando, como un druida hace con las plantas y raíces. Esta tarea no se termina nunca, como la propia maestría en el arte del storytelling. Así, siempre que encuentres una palabra, una idea que te resulte poderosa y que active tu magia interior, ponla en tu inventario, palabra que, por cierto, tan cerca está de invento, ¿no te parece?

Herramienta número 3: el tono

Ahora que ya llevamos unas cuantas páginas juntos, te confesaré que he dudado mucho en si poner cuatro herramientas básicas o solamente tres, como en un principio era mi intención. Claro, el conflicto lo he tenido con esta en la que estamos ahora, el tono. ¿Detenerme aquí o ir directamente a la creatividad? Al final, como puedes comprobar, he optado por ampliar la caja de herramientas, este *starter pack*, a una más. Mi indecisión radicaba, sobre todo, en que podría entenderse que el tono, como verás en unos momentos, pertenece más al ámbito de la comunicación que al de, propiamente, la creación de historias o diseño de tu propia historia. Sin embargo, de un tiempo a esta parte, he descubierto que tanto el dominio como el entreno del tono, de la inflexión de la voz y de cómo modulamos el aire para soltar las palabras al mundo, pueden ser una gran fuente de inspiración. No es casualidad, entonces, que el significado etimológico de *inspiración* sea 'soplar en', 'respirar'; de alguna manera, cuando inspiramos a alguien estamos soplando para que se hinchen las velas de sus sueños, una fuerza que puede empujar a la otra persona a poner rumbo a sus objetivos. Ha sido este juego entre el tono, las palabras respiradas y la inspiración el que, finalmente, decantó la balanza a detenerme aquí durante unas líneas, ni que sea.

Vamos allá, y, primero de todo, vamos a familiarizarnos con una de las reglas más conocidas dentro de la comunicación, concretamente la del 55-38-7, que formuló en 1967 el famoso psicólogo Albert Mehrabian y que pone en porcentajes lo que seguramente ya sospechamos, es decir, que, cuando nos comunicamos con los demás, solamente el 7 % de lo que recibe nuestro interlocutor proviene del significado puro y literal de lo que hemos expresado con palabras. El 93 % restante es no verbal y se reparte entre un 38 %, que pertenece a lo paraverbal (tono, voz, modulación, entonación...), y un 55 %, que es todo lo que tiene que ver con el lenguaje corporal (cara, mirada, gestos...). Si eres consciente de esta regla, podrás entender perfectamente por qué hay tantos malentendidos cuando tratamos de comunicarnos por correo electrónico o WhatsApp, por qué hacerse entender con el único soporte del alfabeto y sus signos de puntuación es tan complicado. De hecho, esto es en lo que pensó Scott Fahlman, allá por 1982, cuando propuso el uso de símbolos para tratar de minimizar los problemas de interpretación en los mensajes electrónicos. Lo hizo con signos de puntuación habituales en el lenguaje escrito. Fue así como, con dos puntos, un guion y medio paréntesis regaló a toda la humanidad una de las expresiones más reconocidas de estos tiempos que vivimos, es decir, :-).

¿Qué tiene que ver todo esto con una herramienta para construir historias, para ser storytellers? Tiene que ver mucho y, como verás en el ejercicio que te propongo, puede ser muy enriquecedor. Antes recuerda que hemos dicho que un contador de historias tiene una mirada especial, una forma de ver el mundo con ojos nuevos. Luego, nos hemos detenido en la importancia de las palabras. De saber usarlas, de coleccionarlas y de mimarlas, quererlas... ¡amarlas! Pues bien, el tono da vida a las palabras (y por tono también podemos entender entonación, modulación, inflexión de la voz, sea hacia el otro o sea hacia uno mismo), y de alguna manera nos guía para que sigamos con el hilo. Intento explicarme.

Yo, por ejemplo, justo en este momento en el que estoy escribiendo, trato de encajar las palabras en una entonación enfática, casi vehemente, en la que pueda sentir que te tengo delante y así poder salvar la distancia que nos separa. ¿Mi misión? Inspirarte. Hinchar las velas de tus propios sueños de convertirte en lo que ya eres, un contador de historias fabuloso. Así, en ese encaje entre tono y palabras que me salen de los dedos, pero que casi musito haciéndo-

La entonación, la modulación, la inflexión de la voz dan vida a las palabras, sea hacia el otro o sea hacia uno mismo, y nos guían para que sigamos con el hilo.

las resonar en mi garganta, voy avanzando, sigo escribiendo y conecto con mi interior para extraer las frases que mejor encajen con este tono que he decidido que podría funcionar, ¡que quiero que funcione! Es, para tratar de hacerme entender, como si cogiera la regla de Mehrabian y le diera un giro hacia mí mismo pensando... «bien, tengo el 7 % del lenguaje verbal, ahora voy a sacar ese lenguaje con el 38 % del paraverbal a ver si con esto puedo crear la conexión entre la persona que está leyendo en el futuro y yo, que estoy escribiendo en lo que será su pasado». De conseguirlo, claro, habría obrado el milagro espaciotemporal de la escritura. Pero ¿dónde queda el 55 % del cuerpo? Pues, de igual manera que he hecho con el tono, lo haré con el cuerpo. Si hemos dicho que la entonación da vida y aliento a las palabras, haciéndolas volar hacia su objetivo, el cuerpo y la manera en el que lo usamos al pronunciarlas las pone en el mundo, las hace físicas, por seguir jugando con las imágenes. Verás, a cualquiera que escriba, sea lo que sea, no le queda otra que hacerlo desde la imaginación, es decir, proyectar su imagen pronunciando un discurso determinado con una corporalidad concreta; esto le conecta con ese estado y le guía, también, en un flujo de discurso que se adecue a lo que quiere trasmitir. Haz la prueba y verás que esto que te estoy contando se da con más naturalidad y espontaneidad de lo que seguramente he logrado plasmar aquí. Pídele a alguien, sea o no sea escritor, que se ponga a escribir un diálogo entre una persona, por ejemplo, enfadada, y otra que trata de pedirle perdón de todas las maneras que se le ocurren. Ahora apártate y observa, porque no tardarás mucho tiempo en comprobar como la cara, la expresión corporal, los gestos de la persona que está escribiendo... van cambiando, se van adaptando a cada uno de los personajes a los que está dando vida, ni que sea en este ejercicio tan improvisado. Tanto será así que podrás detectar cuándo la línea de diálogo en la que está in-

Con el cuerpo ponemos las palabras en el mundo, las hace físicas.

mersa esa persona es de quien está enfadado o de quien está pidiendo perdón. Esto sucede porque quien escribe está totalmente en sintonía con lo que está trayendo al mundo. No olvidemos que se trata de imaginar algo que no existe, darle vida a alguien que no existe y de crear una situación que no existe. La magia necesita de esa fluidez, requiere encontrar esa conexión. Y eso, sí, también se puede entrenar. Te propongo una manera, como siempre, fácil y gratuita, al alcance de cualquiera.

EJERCICIO Levanta la voz y… ¡lee!

Sí, leer en voz alta. Ahora, claro, no te veo la cara, pero me imagino que no será muy distinta a las que me encuentro cada vez que lanzo este consejo. Y lo lanzo muy habitualmente, créeme, y siempre veo esa mezcla entre incredulidad y pereza con ligeros tintes de «esto me lo diría mi abuela». Pero, insisto, lee en voz alta, porque esta simple actividad genera empatía, aumenta tu capacidad de retentiva y memoria, así como la fluidez mental y lingüística. Y muchos otros beneficios que cada vez son más populares y estudiados. ¡Ah!, y además es muy sexy ver a alguien leer en voz alta. ¡Hasta puedes mejorar tu relación de pareja!

Para acabar de convencerte, no olvides que esto de leer en voz baja es relativamente moderno. No fue una práctica generalizada hasta bien entrado el siglo xv, y tenemos testimonios como el de san Agustín a propósito de san Ambrosio, por allá el siglo iv, según el cual este último leía en silencio para no molestar a sus compañeros de monasterio cuando leía a altas horas de la madrugada. Y eso llamaba mucho la atención. La historia de cómo los humanos hemos leído y cómo nos hemos relacionado con la lectura es fascinante. Pero, por ahora, eso, leamos en voz alta. Diez minutos al día. Los efectos los verás enseguida y tal vez, como muchos de esos que me ponen esas caras de incredulidad, de pereza con ligeros tintes de «esto me lo diría mi abuela», me lo acabarás agradeciendo :-).

Herramienta número 4: la creatividad

Una de las características definitorias del ser humano es la creatividad. ¡Somos seres creativos! No existen, por tanto, personas creativas y personas no creativas. La creatividad no forma parte de una élite, de unos cuantos magos y magas que han nacido con un don especial, que han sido tocados por la gracia. ¡Qué va! Todos somos creativos y todos hemos sido tocados. Eso sí, la creatividad se entrena. Es un músculo y, por tanto, cuanto más lo usas, más fuerte se hace, más se desarrolla. Ahí está la clave, pero insisto: todos somos creativos, todas somos creativas.

Por supuesto, hay quien está más comprometido con su lado creativo y hay quien lo está menos, pero eso no significa que no podamos ser todo lo creativos que queramos ser. Sea como sea, y creas lo que creas de ti, en este espacio que estás construyendo, la creatividad es de vital importancia. Tanto si no has estado conectado o conectada con tu capacidad creativa como si la vives a diario, deberás tenerla como una de las herramientas principales en tu taller de storycoaching, en este arte de escribir tu propia historia. Cuida esta herramienta. Afílala, vívela y cree en ella. Porque crear es creer; creer que puedes, creer que lo vas a conseguir, creer que eres capaz. Solamente así podrás crear caminos donde aparentemente ahora solo hay maleza, y horizontes nuevos donde por el momento solo existe la niebla de tus propias limitaciones. Además, la creatividad está en alza y se está convirtiendo en una de las competencias más demandadas por las empresas, sobre todo en el contexto de alta incertidumbre post-COVID. Si lo piensas bien, no debería sorprenderte. La creatividad, al fin y al cabo, podríamos definirla como la capacidad de adaptación tanto de nosotros al mundo como del mundo a nosotros, y, en un mundo tan cambiante, necesitaremos usar toda nuestra creatividad para no quedarnos

Crear es creer; creer que puedes, creer que lo vas a conseguir, creer que eres capaz.

a un lado del camino. Así que levántate y a crear, y ten presente que, como todo camino, se empieza empezando, es decir, que, como la mayoría de las cosas importantes de esta vida, se aprende en gerundio, ¿no? Un consejo, que es uno de los más importantes que he recibido en el ámbito creativo, es este que leí en un maravilloso libro titulado *El camino del artista*, de Julia Cameron: «Permítete ser malo». Es decir, no sufras por hacerlo mal, muy mal o incluso peor. Primero crea, luego ya veremos.

Ahora bien, empecemos por tratar de limitar lo ilimitado para poder asirlo, controlarlo y usarlo en nuestro favor. ¿Qué quiero decir con esto? Pues que antes de nada debemos ponernos de acuerdo de qué hablamos cuando hablamos de un acto creativo. Solo así podremos valorarlo y seguir buscando, si hace falta, o dejar de hacerlo, si así lo creemos (no me canso, aunque sea entre paréntesis, de subrayar la inspiradora relación y cercanía ente crear y creer).

El acto creativo

Hablemos un poco de salto de altura, esa disciplina del atletismo que tiene por objetivo sobrepasar un listón sin más ayuda que tu propio cuerpo... y la creatividad. Sí, aquí también, porque esta prueba de atletismo la usa Luis Bassat,[6] publicitario español de renombre internacional, para definir los atributos que debe tener un acto creativo. Para ello deberemos remontarnos a las Olimpiadas de México 1968. Por aquel entonces, los saltadores de altura utilizaban una técnica llamada

6 Si te interesa profundizar en la creatividad publicitaria, Luis Bassat escribió lo que hoy en día sigue considerado un clásico a la par que el libro de publicidad más vendido de la historia de España: *El libro rojo de la publicidad.* Ideas que mueven montañas. Seguramente, junto a *Ogilvy & La publicidad*, de David Ogilvy, son los máximos referentes de cómo trabajar en una agencia y de cómo usar la creatividad en el cambiante negocio de la publicidad. Que sí, que cada día cambia, pero que hay atributos y valores que permanecen. Pues bien, aquí leerás unos cuantos.

rodillo ventral que consistía, básicamente, en rodar de cara para conseguir superar el listón. Esta era la técnica establecida, la aceptada comúnmente y la norma general de la época, con algunas variantes como el rodillo occidental o el estilo tijera, pero la cuestión era encarar el listón de frente, con el vientre por delante. Y así fue hasta que llegó Dick Fosbury, un joven saltador al que estas técnicas le parecían algo complicadas, así que probó darle una vuelta al asunto. No, no lo probó, lo hizo. Ejecutó un salto de espaldas, que es la imagen que hoy tenemos de un salto de altura. Y ganó. Y se llevó la medalla de oro. Y, además, nos sirve de ejemplo para definir los atributos que debe tener un acto creativo. ¿Cuáles son?

- **Es distinto.** Fosbury hace un salto diferente, en este caso, además, totalmente opuesto a lo que se venía haciendo. Si todos saltaban de cara, él lo hace de espaldas. Eso es distinto, ¿no? Y este es el primer atributo de un acto creativo en toda regla, pero, cuidado, porque no vale solamente con hacerlo de otra manera.

- **Implica riesgo.** Imagínate que estás compitiendo en las Olimpiadas. Todo el mundo mirándote, todo un estadio pendiente de ti y tú vas a hacer algo que nadie nunca ha hecho antes... pudiendo fallar. Sí, eso es riesgo y lo es porque puede salir mal. Puedes fallar de manera estrepitosa. Justamente por eso estamos hablando de un acto creativo. Es en el riesgo donde encontramos su poder. Ir a almorzar al mismo restaurante de cada día es confortable y seguro, aunque, a la larga, acabará por resultarnos aburrido y rutinario. El riesgo late en el corazón de un acto creativo tanto como hacerlo de forma distinta. Pero tampoco es suficiente. Necesitamos algo más.

- **Funciona.** Si Dick Fosbury hubiera saltado con su técnica distinta, habiendo asumido un gran riesgo, pero

> no hubiese funcionado y, pongamos, hubiese quedado en cuarta o quinta posición, no estaríamos hablando de un acto creativo, no diríamos que aquella fue una buena idea. Puede que una idea por pulir, por mejorar y por trabajar, pero no una idea creativa al cien por cien. Un acto creativo debe conseguir la medalla de oro. El lugar más alto del podio. Sea cual sea ese lugar, pero no puede no funcionar.

Así, cuando pensemos que tenemos una idea creativa, que estamos ante un acto creativo, revisemos si cumple con estos tres aspectos: es distinta, implica riesgo y consigue superar el listón como nadie puede hacerlo.

El proceso creativo

Muchas veces me preguntan cómo funciona un departamento creativo en una agencia de publicidad, si estamos todo el día pensando ideas, si nos vienen así sin más, si nos pasamos las horas jugando al ping-pong... Entenderás que, por el momento, mantenga lo del tenis de mesa en secreto, pero lo que te puedo asegurar son dos cosas. La primera es que en una agencia de publicidad hacemos muchas más cosas que pensar. La segunda es que, sí, tenemos que pensar muchas ideas creativas y, normalmente, en poco tiempo, por lo que es indispensable tener el músculo de la creatividad en forma, debemos estar bien entrenados. Pero, aun así, en ocasiones las ideas no vienen, no llegan, y toca, por tanto, ir a por ellas. Es cierto que hay días que puedes sentirte poderoso y que conectas rápido con una solución brillante, diferente, arriesgada y que funciona, pero lamentablemente esto pasa uno o dos días cada cinco años. El resto de los días te ves obligado a perseguir a las musas y te prometo que se esconden y, a la mínima, se burlan de ti. Así

Una idea o acto creativo es distinta, implica riesgo y consigue superar el listón como nadie puede hacerlo.

que imagínate, tienes que pensar, tienes que tener la gran idea y te preguntas, ¿por dónde empiezo? Respuesta: por el proceso creativo. Un esquema, casi como un juego, que te permite ordenar tu mente, que hace posible ir paso a paso para ir preparando la conexión con esa idea creativa que andas buscando. Es verdad que la creatividad no es una ciencia, no estamos hablando de matemáticas, pero conocer y ser consciente del proceso creativo te puede ayudar a enfrentarte ante cualquier desafío que debas resolver con una idea, con esa bombilla que se enciende en tu cabeza. A grandes rasgos, el proceso creativo consta de las siguientes fases:

1. **Información.** Lo primero que tienes que hacer es saber de qué trata el problema que debes resolver y, sí, informarte acerca de ese universo en el que tu idea va a tener que aparecer. No es lo mismo pensar una idea para un anuncio de un coche, por ejemplo, que pensar en un restaurante al que llevar a tu pareja a cenar y sorprenderla. En cualquier caso, la información será importantísima. Si, pongamos, tu pareja es alérgica al marisco y no lo sabes y la invitas a una mariscada... Pues eso, en este caso sí que podríamos hablar de desastre. La fase de la información es crucial, de vital importancia, pero no pierdas de vista que se trata de la primera parte del proceso. ¿Qué quiero decir con eso? Que no deberías, por tu bien y por el de la futura idea que vas a tener, presionarte con tenerla ya, ya mismo. No aún. Un poco de paciencia. Espera y, simplemente, infórmate. Esta es una de las partes más olvidadas del proceso y, sin embargo, es una de las más importantes.

2. **Primera generación de ideas.** Lo más probable es que durante la fase de información te vayan apareciendo ideas. Algunas pueden llegar a parecerte buenas ideas o, incluso, muy buenas. Pero espera, de nuevo, paciencia,

palabra cuya etimología alude a algo muy revelador: 'cualidad del que sufre'. Para saber crear hay que sufrir un poquito, solo un poquito. Lo importante es que ese sufrimiento es bastante adictivo, así que tómatelo con calma. No aceleres aún. Toma esas primeras ideas y apúntalas. Atrápalas en un papel para que no se te escapen, pero sigue pensando. Es posible que no se trate de LA IDEA. Es más que probable que sean ocurrencias, lugares comunes adonde ya han llegado otras personas, pero no algo a lo que podamos llamar un acto creativo. Lo siento, pero debes seguir y avanzar hasta la tercera fase y, claro, sufrir un poquito más.

3. **Incubación.** Y ya que hemos hablado de sufrir, aquí está la parte del proceso en la que el sufrimiento es el rey. Y, con total seguridad, la parte más compleja, más dolorosa y frustrante de todo el proceso. Tienes información, tienes algunas ideas de primera generación, pero aún no sientes que tienes LA IDEA. No pasa nada, es el momento de incubar. De buscar dentro de ti, de dejar, incluso, de pensar para que opere el inconsciente. Es, para cualquier creativo, una noche oscura donde no hay ni una sola luz encendida en el negro firmamento. Creativos y creativas de todo el mundo, de todas las culturas, viven, sufren y pelean en esta parte del proceso. Sin embargo, no se rinden. ¡Prohibido rendirse! Ellos, ellas, siguen incubando. ¿Sabes por qué? Porque CREAR es CREER y creen en ellos, en ellas. Saben que la noche pasará, que al final, si resisten, persisten e insisten en la búsqueda, volverá a brillar el cielo, se iluminará para alumbrar la siguiente fase del proceso creativo.

4. **Iluminación.** Si hemos hablado de que la incubación era la parte más compleja, dolorosa y frustrante del proceso creativo, aquí estamos ante la más mágica. Ese mo-

mento en el que sientes, literalmente, que se te enciende la cabeza (no es casualidad que la representación de una idea sea una bombilla encendida sobre la cabeza). Te sientes poderoso, invencible, capaz de todo... No es que tu idea sea brillante, es que tú mismo brillas con fuerza y majestuosidad. Pero, como antes, ¡cuidado! El proceso creativo no termina aquí, este es solo un escalón. Nada más, pero nada menos que un escalón.

5. **Verificación.** Te has iluminado. Te has sentido un dios creador, una diosa todopoderosa. Por unos instantes te has visto capaz de iluminar el mundo con tu brillantez y creatividad. Perfecto. Pero ahora llega el momento de sacar al asesino de ideas que llevas dentro. Es el momento de llamar a escena a esa parte de ti, fría y calculadora, racional y analítica, que tiene que verificar si esa es realmente una buena idea, una de esas que podemos poner bajo el paraguas de acto creativo. Es más, imagínate que estás pensando en hacer un regalo a tu madre, uno que la sorprenda, uno que sea especial... uno de esos, ya sabes. Y te has informado, investigado las cosas que ahora le hacen ilusión o necesita. Has generado ideas y has estado incubando hasta iluminarte. Y lo tienes. ¡Sí! Pero hablas, pongamos, con tu tía, para verificar, y te dice que ese regalo se lo hizo tu padre el año pasado, cuando tú estuviste viajando por Australia, por eso no te enteraste. ¡Horror! Pero no te hundas. Te aseguro que, en mi trabajo como creativo, esto nos pasa tantas, tantas veces... Y nunca nos acostumbramos. ¿Qué hacer? ¿Abandonar? ¿Rendirse? No, eso nunca. Lo que debes hacer es volver a la casilla de salida. Vuelve a informarte. Vuelve a indagar. Da igual que ya lo sepas, que te lo vuelvan a contar de otra manera, porque tu cerebro también buscará nuevas maneras de conectar esa información. Pero pongamos que sí, que

tu idea pasa con éxito la fase de verificación, que sobrevive a tu asesino de ideas (por cierto, es mejor que tus ideas las mates tú que, por una mala verificación, te las mate otra persona, créeme). Pues bien, aún no has terminado. Falta un paso más... o dos, ya veremos.

6. **Implantación.** Tu idea es buena, es realmente buena. Te ha costado, pero aquí la tienes, brillante, espectacular y majestuosa. Pues bien, ahora tienes un compromiso con ella. Tienes que llevarla al mundo, como decía Ramón y Cajal: «Las ideas no duran mucho. Hay que hacer algo con ellas». Si te la quedas solo en la cabeza, es muy posible que, con el tiempo, la veas realizada por otro y te lamentes diciendo que esa idea la habías tenido tú antes. Sí, la habías tenido tú, pero si no haces nada con ella otro tendrá la oportunidad de llevarla a cabo. La idea solo te pertenecerá, paradójicamente, si la sacas de tu cabeza y la pones al servicio de los demás.

7. **Venta.** Tal vez esta fase, desde un punto de vista académico y riguroso, no entraría en el proceso creativo. Sin embargo, la experiencia me dice que es mucho más complicado convencer a los demás de que esto que tengo en la cabeza es una buena idea que el hecho de haberla tenido. Y, ya sabes, a menudo tendremos que convencer a otras personas para que nos ayuden a plasmar esa creatividad, para involucrarlas en ese proyecto que ha nacido de tu gran idea... Y este punto es complicado y en él, además, entrará mucho en juego el arte del storytelling, de saber contar esa idea de una manera impactante y conmovedora, conectando no solo con mis propias necesidades y emociones, sino también con las del otro, con las de la persona que tengo ante mí y con la que, gracias al milagro del relato, podré conectar y a la que podré añadir a mi proyecto.

EJERCICIO ¿Sentarse en una silla?

Este es uno de los ejercicios más clásicos y que, seguramente, mejor pueden ayudarnos a trabajar en uno de los aspectos que debes entrenar a la hora de la creatividad, que es la afluencia. ¿Cómo podemos definir *afluencia*? ¿De qué se trata? Es la capacidad de tener muchas ideas acerca de un tema, de una problemática, de algo que quiero «romper» con mi idea creativa. Sí, sé que buscamos LA IDEA, así, todo en mayúsculas, pero para alcanzarla deberemos pasar por muchas. Buenas y no tan buenas, aunque es mejor hablar de ideas que se ajustan a lo que quiero conseguir o ideas que no se ajustan. Pero ¡cuidado!, lo que en un caso podemos considerar que es una «mala idea», en otro, esa misma idea es genial, rompedora y digna de elogio. Para ello, para poder elegir, es mejor hacerlo entre muchas que entre dos, ¿no crees? Tú mismo, tú misma, ya te darás cuenta de cuál es la buena, la genial, la... ya me entiendes. Y, para ello, te vendrá muy bien trabajar la afluencia, la capacidad de ser una metralleta de ideas. Y, para ello, también te vendrá muy bien trabajar en este ejercicio. ¿Qué vas a necesitar? Pocas cosas. Una silla. Un trozo de papel (si te ves con fuerzas y energía, una libreta entera, ¿por qué no?). Y tu cabeza. Bien, ahora mira la silla y apunta, durante dos minutos, todas las ideas que te vengan a la cabeza en relación con esta pregunta: ¿cómo puedo usar esta silla que tengo delante de mis ojos?

Obviamente, la primera idea (si es que se puede llamar así) será sentarse. Muy bien, apúntala si es que así vences el miedo al papel en blanco, pero aún te queda tiempo para apuntar muchas más. Piensa. Para qué puedes usar esta silla. No te juzgues. Solo apunta. Lo que te venga a la cabeza, aunque te parezca una locura, una indecencia o una temeridad. Tú apunta hasta que se agoten los dos minutos y solo entonces te detienes. Bien. Ahora, descansa durante treinta segundos y luego, durante dos minutos más, trata de volver a ampliar la lista. Dos minutos más pensando en usos que le puedes dar a la silla. Y recuerda, CREAR es CREER. Así que no empieces pensando que ya estás seco, que tu cabeza no da para más o que a ti ya no te sale ni media idea, ¡maldita sea esta silla! No, no lo hagas. Simplemente, durante dos minutos, sigue presionando tu cabeza. Seguro, seguro, seguro (y te lo digo por experiencia) que saldrá algo más, más ideas y, con total certeza, mejores y más originales que las que había en la primera lista.

Cuando pase este tiempo, si aún ves que la silla no ha podido contigo, sigue dos minutos más... y dos minutos más... Al final tendrás una lista que será un reflejo de cómo tu afluencia está creciendo. Por supuesto, puedes cambiar de objeto. Puede ser una silla, un bolígrafo o una estantería. Lo importante es que trates de hacer este ejercicio regularmente. Aparte de que es divertido, barato, por no decir gratis, es puro gimnasio para tu mente. ¿Sabes por qué? Porque cuando estás inmerso en el proceso de pensar en esos usos distintos y disruptivos de una silla, lo que haces es empezar a mirar la silla de otras maneras, desde otros ángulos, lo que estás haciendo realmente es *de-construirla* para volverla a montar de formas extrañas, extravagantes, diferentes... ¡creativas!

LAS EMOCIONES Y CREENCIAS TAMBIÉN TIENEN FORMA DE HISTORIA

Ahora ya sabes que el arte de contar historias nos pertenece, que todos y todas somos storytellers por naturaleza, que los cuentos, en nuestra infancia, ya nos hicieron crecer y que una buena historia nos invita a la acción. También somos conscientes de que los datos, los fríos números, tienen valor en tanto que nos los explicamos de una manera u otra. Además, ya tienes en tu poder (nunca mejor dicho) una nueva y brillante caja de herramientas con una mirada, unas palabras, un tono y una creatividad que te ayudarán a construir aquellas historias que te posibiliten expandirte y alejarte de aquellas que limiten tus posibilidades. Parece un juego, y tal vez lo sea, pero un juego importante, como todos aquellos que merece la pena jugar. Sea como sea, tu viaje ya ha empezado, y espero que sientas que ya no tienes la posibilidad de dar marcha atrás. Pero antes de abandonar la introducción del libro, quiero insistir en una idea de crucial importancia: la vida tiene forma de historia o, como mínimo, nos la contamos en forma de historia, lo que significa, como iremos viendo, que podemos intervenir en ella y diseñarla para que se ajuste a nuestros deseos y necesidades. El arte del storytelling se convierte, entonces, en el arte del storycoaching cuando esas historias son las de nuestra propia vida. La técnica es la misma que para cualquier cuento que se precie, pero el objetivo y el o la protagonista no.

El arte del storytelling se convierte en el arte del storycoaching cuando esas historias son las de nuestra propia vida.

Bien, pero hay más, porque las emociones y las creencias también tienen forma de historia y, por tanto, como acabo de decir, podemos intervenir en ellas para que, de este modo, seamos nosotros quienes las dominemos y no al revés. Es decir, una cosa es hablar de nuestras emociones y otra muy distinta es dejar que las emociones hablen por nosotros, lo que suele llevarnos a tener problemas y a actuar de una manera de la que solemos arrepentirnos más adelante. Pero aquí no vamos a detenernos en este aspecto, sin duda interesantísimo, sino que vamos a seguir ahondando y profundizando en cómo las emociones y las creencias son historias, lo que nos permitirá entenderlas y tenerlas como aliadas en lugar de que ellas sean el viento y nosotros solamente bolsas de plástico a su merced. No sé si es la metáfora más apropiada, pero seguro que me has entendido. Y quiero compartir contigo que yo, no hace tanto tiempo, descubrí el poder de la consciencia y la gestión emocional aplicados a la creatividad y a la creación en cualquiera de sus formas, sea desde mi actividad como creativo publicitario o como escritor, profesor y, por supuesto, coach. Pero debo reconocer que, cuando pude ser consciente de lo que ahora te voy a explicar... ¡bum! Me explotó la cabeza, se me incendió el corazón y entendí que las emociones eran parte fundamental del éxito de cualquier historia que queramos explicarnos, que queramos contar. Fui muy consciente de que, de usar una u otra emoción, podremos crear un camino u otro, tal como veremos pocas líneas más adelante. Ahora la pregunta es la siguiente: ¿qué estoy diciendo cuando digo que las emociones y las creencias tienen forma de historias? Pues que nos cuentan algo. Importante. Las emociones nos cuentan algo del mundo. Las creencias, algo de nosotros mismos. A eso me refiero, sin entrar aún en la estructura que subyace en cualquier historia (introducción, nudo y desenlace), cuando escribo que las emociones y creencias son historias. Bien, ahora vamos a profundizar. Es verdad que en algún momento me he planteado que este apartado formara parte del anterior, es decir, el de las herramientas. Porque es cierto que vamos a usar las emociones como una herramienta poderosa y que vamos a detectar creencias limitantes para convertirlas en posibilitadoras. Sin embargo, todo esto es tan crucial que excede el tamaño de lo que para mí debe tener una herramienta, sobre todo para que quepa en la caja. Lo que ocurre es que, incluso en la creatividad, en el tono, en la mirada o en cualquier actividad productiva que queramos llevar a cabo (en la que busquemos obtener unos resultados concretos, como llevarme bien con mi hija adolescente, tener una actividad laboral en la que puedo desarrollarme, mejorar mi relación de pareja...), las emociones y las creencias entran en juego. Veamos.

Las emociones, lo que nos cuenta el mundo

No sé tú, pero yo, de un tiempo a esta parte, siento que estamos viviendo una revolución de las emociones. Es como si, por fin, nos hubiésemos dado cuenta de lo que tanto científicos como filósofos —¡y místicos!— vienen anunciando desde hace mucho tiempo. No podemos seguir separando razón y emoción. En este sentido, al margen del conocido e imprescindible *best seller* de Daniel Goleman *Inteligencia emocional*, es muy revelador el extraordinario *El error de Descartes*, del neurólogo Antonio Damasio, en el que defiende la tesis de que la racionalidad requiere de una aportación emocional para que el ser humano pueda escoger y actuar con todos los datos e informaciones relevantes que le harán tomar decisiones más acordes a los resultados que busca. Sin embargo, desde que Descartes enunció su *cogito ergo sum*, 'pienso, luego existo', se produjo una dualidad que nos ha hecho mucho daño. Por un lado, la mente y, por el otro, las emociones. El ser humano fue disociado. Separado y aislado de sus emociones. Hoy somos muchos los que, pese a agradecer a Descartes sus aportaciones en el marco de la filosofía occidental, vemos que ese camino está agotado, que nos ha agotado también. Si nos tenía que llevar a alguna parte, ya nos ha llevado. Ahora la humanidad, para seguir avanzando, ya no puede renunciar a las emociones, no puede seguir disociada, separada de sí misma, de su esencia. Ya no puede seguir viviendo de espaldas a las emociones, ciegos a los tesoros que nos brindan y a la información que nos aportan. Una información que, por decirlo de alguna manera, percibimos antes de pasarla por la razón. Que la sentimos antes de pensarla, ¿tal vez algo parecido a un superpoder?

Empecemos usando una de las herramientas de nuestra caja, la de las palabras y su etimología. Pues bien, *emoción* proviene del verbo latino *emovere*, significando *movere* 'movimiento'. Pero la e nos da la idea de 'desde'. Por lo tanto, podemos resignificar la palabra emoción como 'desde donde nos movemos'. ¡Fantástico! ¡Cuántas pistas nos da este origen! Primero, nos advierte que, dependiendo de la emoción que sintamos, nos vamos a mover de una manera u otra, vamos a entrar en la realidad de una manera u otra, por lo que emoción y corporalidad van de la mano. Imagínate que estás cruzando un pequeño callejón en una ciudad extraña, de noche, muy de noche, y que, por si fuera poco, no hay ni una sola farola que funcione. De repente, al otro lado del callejón ves un par de sombras que se dirigen hacia ti. Te invade la emoción del miedo, lo que significa que vas a moverte desde esa emoción. Porque el miedo te está contando algo relacionado con la situación que estás viviendo, y nos lo cuenta en forma de storytelling. El miedo nos dice que hay algo allí fuera que puede herirme, que puede hacerme daño, y, por lo tanto, me preparo para escapar, para pelear o para quedarme quieto, pero, sea como sea, esa emoción hace que yo entre en la realidad, en el ahora, de una manera, con una corporalidad concreta. Podemos asociar cada emoción con corporalidades, ni que sea sus formas principales o más reconocidas. Por ejemplo, la corporalidad de la alegría podría ser la sonrisa y cierto brillo de satisfacción en los ojos. O la corporalidad de la rabia podemos asociarla a los puños, apretados con fuerza y una energía expansiva donde la violencia quiere entrar en juego. Y así con todas las emociones que existen, porque todas ellas nos cuentan algo del mundo y de nosotros en relación con él. Nos brindan una información, una historia, un storytelling. Y digo todas porque de emociones hay unas doscientas cincuenta, depende de la aproximación que hagamos, aunque existen seis principales de cuyas combinaciones podemos derivar todas las demás, sería algo así como una paleta de pintor. Tiene sus colores primarios y al combinarlos encuentra todas las demás tonalidades. Con las emociones sucede lo mismo.

Podemos asociar cada emoción con corporalidades.

¿Cuáles son, entonces, las emociones principales? La alegría, la tristeza, la ira, el miedo, el asco y la sorpresa. Como paréntesis, tal vez te sorprenda que no esté el amor. Eso daría no para un libro, sino para una vida entera, pero te diré que el amor está detrás de todas las emociones. De todas. Ya sea el amor a uno mismo, el amor a unos ideales, el amor a una persona... Pero eso lo dejamos, por el momento, para centrarnos en el storytelling que subyace en cada una de las emociones principales, para desvelar aquello que nos están contando del mundo y de nosotros en relación con este.

La alegría

La historia que nos cuenta la alegría es que estoy preparado para celebrar algo. La vida. El presente y el futuro y el pasado, ¿por qué no? Estoy conectado con lo que me está tocando vivir o lo que espero que tengo por delante por vivir. Alegría y celebración van de la mano. Donde hay celebración hay alegría y donde hay alguien en la emoción de la alegría hay alguien que está dispuesto a celebrar. La alegría, además, nos conecta con los demás, nos impulsa a compartir esa emoción con el otro. No en vano (¡una vez más!) el significado etimológico de *celebración* es 'concurrido', 'frecuentado', 'numeroso' y 'abundante'. En su momento, *celeber* estuvo contrapuesto a *desertus*, de donde, como bien has adivinado, deriva la palabra *desierto*, cuyo significado es 'abandonado'... O sea, cuando alguien está alegre está en predisposición de celebrar, de compartir esa alegría con los demás, y está muy lejos de sentirse abandonado. Ese es el storytelling de la alegría y nos cuenta muchas cosas de nosotros mismos cuando estamos viviendo esta emoción.

La tristeza

La historia de la tristeza es la siguiente: siento que he perdido algo de valor para mí y que ese algo no volverá. Ha quedado atrás y ya no lo voy a tener, no voy a poder contar con ello en el futuro. Es, por tanto, la historia de una pérdida. Puede ser la pérdida de una amistad, de una relación de pareja, pero también puede tratarse de una pérdida económica o de un objeto que para nosotros tenga un valor económico o afectivo. La tristeza es una historia que requiere de una fase de duelo, de superación, de dejar eso que he perdido atrás si es que no lo puedo recuperar, o recuperarlo si es que pienso que es posible y me veo capaz. Sea como sea, la emoción de la tristeza nos aporta mucha información, por eso decimos que las emociones no son buenas ni malas, son los mensajeros de la realidad, de lo que sucede, de lo que a nosotros nos pasa con lo que pasa. No escuchar al mensajero, enfadarse con él o, incluso, eliminarlo, como hacían algunos reyes en la antigüedad, es un gran error. Y, ya que ha salido el enfado relacionado con la tristeza, déjame que te cuente una historia acerca de la tristeza que, seguro, te gustará tanto como me gustó a mí cuando la escuché por primera vez en la Escuela Europea de Coaching, donde me formé y transformé como coach. La historia original es de Jorge Bucay y está incluida en su libro *Cuentos para pensar*[7]. Me he permitido el placer de contarla a mi modo, porque, al fin y al cabo, los cuentos, los grandes cuentos como este, están para ser contados: Y es que dicen que un día la tristeza y el enfado se fueron a dar un baño a un precioso lago, ya que hacía mucho calor y las dos emociones querían refrescarse. Tanto una como la otra se desnudaron. La tristeza lentamente, abatida y con cierta parsimonia, incluso dejando escapar algún sollozo de tanto en tanto. Por el contrario, el enfado se quitaba la ropa con energía, lanzándola al suelo con fuerza, y créeme si te digo que de tanto en tanto soltaba alguna palabrota. Una vez que estuvieron desnudas, se metieron en el agua y las dos nadaron... a su manera. La tristeza con lentitud, casi ausente, como si estuviera pensando en otra cosa o estuviera en otro tiempo. El enfado, por el contrario, casi podría parecer que estuviera dando bofetadas al agua. Salpicaba mucho, lanzaba el agua al aire y la apartaba con vigor; de haber podido hablar, el agua hubiera protestado por la falta de ternura, respeto y consideración que el enfado demostraba. Pero el agua no protestó, fue el cielo, tal vez. Porque de repente empezó a llover. Mucho. A cántaros. Y las dos emociones tuvieron que salir a toda prisa del agua y vestirse, también, tan rápido como fueron capaces. El problema fue que, entre la lluvia y las prisas, el enfado se puso la ropa de la tristeza y la tristeza se puso la del enfado, sin darse

7 Aquí te dejo un vídeo en el que podrás encontrar esta historia contada por él mismo: https://www.youtube.com/watch?v=GJdgEBkpF4M.

cuenta, eso sí. Es por eso por lo que muchas veces confundimos la tristeza con el enfado y el enfado con la tristeza, porque se visten con las ropas equivocadas. Es por eso por lo que muchas veces debemos preguntarnos si estamos tristes o enfadados, ya que es muy fácil confundirlas entre sí. Esta es la historia y espero que te haya gustado.

La ira

Hemos terminado con el fantástico cuento de la tristeza y el enfado que nos brinda una explicación de por qué es tan habitual confundir, tapar, camuflar, estas dos emociones. Pensemos en algunos adolescentes. ¿No será que se muestran enfadados porque en el fondo están tristes? ¿No será la razón de su ira que sienten una pérdida y no encuentran la manera correcta de gestionarla? Enfado, ira, furia... intensidades diferentes para la misma familia de emociones. Sí, enfado e ira serían emociones primas hermanas, para entendernos. La ira es una de las emociones principales. ¿Cuál es el storytelling que hay detrás de la ira? ¿Qué nos está contando del mundo, de nosotros mismos en relación con esos acontecimientos que acaecen en la vida? Pues su historia es la de un límite que ha sido traspasado. Algún valor importante para mí ha sido cruzado, me siento violentado, amenazado, injustamente tratado y, por lo tanto, necesito tanto reparar esa injusticia como volver a poner ese límite en su sitio. Entonces, estoy viviendo la emoción de la ira. Ira, rabia, furia... es su ramillete de intensidades. Pero la clave, a nivel de storytelling, es entender que lo que realmente necesito es volver a poner ese límite en su lugar, ahí donde estaba. Para mí es importante. Y de ahí, de ese devolver el límite a su lugar, se entiende que el cuerpo se llene de energía, de fuerza. Las manos se cierran en puños, quiero empujar. Fíjate en que el cuerpo, literalmente, reproduce esta historia de lucha para empujar las fronteras para que vuelvan a estar en su sitio, así como castigar y reparar la injusticia que siento que se ha cometido. La ira es expansiva, violenta y poderosa, un rojo encendido e incendiario. Si tratas de reproducir, ahora mismo, qué sientes cuando estás en la emoción de la ira, seguro que lo entenderás mejor de lo que estoy tratando de transmitir con palabras. Así pues, como todas las emociones, la ira nos ofrece una información de gran valor y podemos, digamos, procesarla y trabajarla. Es decir, pensar en cuál es ese límite que es tan importante para mí. A qué valores les estoy dando valor en mi vida. Ser consciente de ello nos puede ayudar a construir todas las historias que van a configurar nuestra gran historia. Ser consciente y saber cómo gestionar la ira en beneficio de nuestros objetivos, metas y verdaderos límites y valores hará que no nos dejemos llevar por ella, haciendo que ella hable por nosotros, sino que, en cambio, sepamos hablar de ella, con ella. Y, entonces, escucharla y aprender.

El miedo

Como hemos dicho antes, el miedo nos cuenta que hay algo que puede lastimarnos. Existe algo ahí fuera de nosotros que puede hacernos daño. Ese algo puede ser otra persona, pero también puede ser una circunstancia concreta que aún no ha sucedido, como la pérdida de un trabajo o, simplemente, una situación que tenemos enfrente y desafía nuestras competencias, como escalar una montaña o tirarnos en paracaídas. El miedo nos advierte de un peligro, esa es su historia. Pero, como veremos, toda historia tiene un protagonista, un héroe o una heroína con sus debilidades y fortalezas, sus aptitudes y, claro, sus ineptitudes. Y eso es lo que el miedo nos ayuda a entender. Porque frente a esa situación que me amenaza y siento que me puede dañar o herir, el miedo me advierte, me invita a la prudencia y, tal vez, a prepararme. El miedo, cuando nos secuestra, nos controla y habla y actúa por nosotros, nos puede llegar a paralizar. Pero el miedo, bien gestionado, nos ofrece la oportunidad de mejorar, de prepararnos para afrontar la situación que estamos a punto de vivir. A expandir nuestras competencias y a entrar en la vida preparados. El miedo, en contra de lo que en un primer momento se puede pensar, es un gran maestro, es un inmenso manantial de futuros aprendizajes y de expansión de nuestras competencias. Escuchar al miedo, ser conscientes de lo que quiere contarnos y de la información que nos está dando, es de un valor incalculable. Por ejemplo, imagina que tienes miedo a perder un trabajo. Muy bien. Puedes actuar con miedo y dejar que todas tus acciones se rijan por él o puedes sentarte con tu miedo y tratar de entender qué es lo que en realidad te está dando miedo. ¿No encontrar otro trabajo? ¿No te sientes preparado para entrar de nuevo en el mercado laboral? ¿Te falta formación? ¿Contactos en el sector? ¿O, simplemente, crees que no tienes suficientes ahorros para afrontar una temporada de bajos ingresos? Fíjate en que, a partir de esa consciencia del miedo, puedes prepararte para el futuro, no solo temerlo. Y aquí se te van a abrir muchas posibilidades de acción. Porque vas a poder hacer un curso de reciclaje, activar tu agenda de contactos o establecer un plan de ahorro. ¿Ves? Se nos abre un sinfín de posibilidades y, al saber que están ahí, delante de nosotros, nos sentimos más libres, como mínimo de poder elegir. Ese es el espíritu del libro: ¡Un ejercicio de libertad!

El asco

El asco es, dicen los expertos, una de las emociones que primero aparecieron en el ser humano, seguramente la más antigua y la que, dentro de un contexto evolutivo, nos ofreció una ventaja de crucial importancia para sobrevivir en este extraño mundo que habitamos. ¿Por qué? Por su historia. ¿Cuál es? La siguiente: no estoy seguro de poder incorporar esto que tengo delante sin que me intoxique, sin que me degrade y me haga daño... por dentro. Un daño que aquí tiene que ver más con el dolor de estómago que con una herida externa. Me explico. Imagínate que estamos tú y yo en la edad de piedra. Con nuestras pieles, nuestro casi recién estrenado idioma y un hambre bastante atroz, ya me entiendes. Pues bien, salimos, con mucho cuidado, a buscar bayas, rastrojos o cualquier cosa que podamos llevarnos a la boca. Algo comestible. El mundo está por estrenar y no lo dominamos ni lo conocemos lo suficiente, así que todo es nuevo. «¡Para! —me dices con algo semejante a un gruñido—, he visto algo que tiene buena pinta». Los dos vamos para allá y vemos algo parecido a una fruta. ¿Se ha caído de ese árbol? Puede ser. Nos da igual, lo que hacemos es acercárnosla a la nariz y, entonces, nos da asco. No, eso no tiene pinta de ser comestible. El asco nos está contando algo de vital importancia, en este caso de forma literal, porque sospechamos que esa fruta puede matarnos. No estamos seguros de que podamos ingerirla y ser capaces de procesarla de manera que no acabemos enfermos. Observa que, en esta historia que nos cuenta el asco, entra en juego la nariz. El olfato. Dicen que el olfato es la puerta de entrada al mundo emocional, que un 85 % de las emociones están vinculadas, de una manera u otra, a este sentido que tanto nos ha servido a lo largo de nuestra existencia en la Tierra. Es curioso que el mundo digital en el que estamos inmersos no tenga olor. Es un mundo sin olfato. ¿Un universo hipertrofiado emocionalmente? Dejémoslo como pregunta. Ahora lo que a ti y a mí nos interesa es que el asco no solo lo sentimos en relación con la comida que nos podamos encontrar por el bosque. También sentimos asco frente a situaciones, personas, lugares... Es decir, no estamos seguros de poder asimilarlos, de incorporarlos a nuestras vidas sin que, al final, nos intoxiquemos. Además, si ahora intentas sentir asco, verás que se te arruga la nariz, te apartas. Te separas de esa situación que ahora has imaginado. ¿Qué es exactamente lo que crees que no podrás digerir? ¿Qué es lo que te aparta? ¿Qué necesitas para poder no intoxicarte con esa situación? ¿Es posible o no lo es? Preguntas poderosas que nos abren a historias poderosas.

La sorpresa

Cada persona se permite más unas emociones que otras, es más afín, incluso, a unos estados emocionales que a otros. En mi caso, puedo decir que la sorpresa es mi emoción preferida. Trabajo a diario con la sorpresa. Claro, no puede ser de otra manera, puesto que la capacidad para la sorpresa, el asombro y la maravilla es imprescindible en cualquier actividad creativa. Por eso, la personalidad creativa y la infancia están tan cerca. Los niños tienen una capacidad de sorpresa infinita y, con ella y junto a ella, crecen. Sin duda. Pero ¿cuál es la historia que nos cuenta la última de nuestras emociones principales? Pues que hay algo que no es como esperaba. Algo está ocurriendo para lo que yo no estaba preparado. Dicho de otra manera, estaba desprevenido y, por tanto, me sorprendo. Es por eso por lo que la corporalidad asociada al relato de la sorpresa es de apertura. Cuando nos sorprendemos arqueamos las cejas, los ojos se abren... ¡hasta la boca se nos queda de par en par! Es normal, queremos entender eso que, ahora, desprevenidos como estamos, no logramos descifrar. Captarlo. Interiorizarlo para ser capaces de procesarlo. La sorpresa nos conecta, tal vez como ninguna otra emoción, con el aquí y el ahora; con eso que nos sorprende y que sucede en este espacio y en este tiempo concretos. Necesito entender. Cabe señalar que la emoción de la sorpresa es una emoción puente. No acostumbramos a quedarnos mucho rato en ella, sino que, desde ella, dependiendo de cómo interpretemos esa sorpresa, pasamos a otra. A la alegría, a la tristeza, a la ira... Dependiendo de la sorpresa y de cómo nos afecte, cruzaremos ese puente para vivir ese acontecimiento desde otra emoción. Así, su relato es el de no estar esperando lo que ha ocurrido, lo cual nos permite, una vez más, plantearnos varias preguntas poderosas, de esas que, como ya sabes ahora, te abrirán caminos de crecimiento y posibilidades de acción. ¿Podía habérmelo esperado? ¿He sido algo ingenuo o ingenua, por ejemplo, al no esperarme que mi amigo actuara de esta manera o de esta otra? ¿Podría haberme preparado para que esta circunstancia no me cogiera tan desprevenido? ¿Puedo aprender algo para prevenirme en el futuro? Incluso, ¿de verdad me sorprende?

Bueno, hasta aquí hemos visto los storytellings que hay detrás de las emociones principales. Como ya te he indicado, existen muchas emociones más. El universo de la consciencia emocional es infinito y uno siempre está aprendiendo, como sucede con las cosas que realmente valen la pena. Sin embargo, para nuestro taller, para empezar a dominar el arte del storycoaching, nos basta con empezar con estas. Luego, en tus manos está el seguir profundizando, investigando y ampliando tu lenguaje emocional y, así, aprender, por ejemplo, el storytelling que hay detrás de la emoción del aburrimiento: aquí no hay nada para mí, nada de mi interés. No puedo reconocerme y, por tanto, me desconecto. Sí, el aburrimiento también es una emoción, al igual que la confusión, la serenidad, la ambición o el orgullo, por cierto, una emoción muy mal vista en una sociedad que está acostumbrada a dividir las emociones entre buenas y malas, en vez de verlas como nosotros, como tú y yo las entendemos ahora, mensajeras de gran valor. Venga, para que no te quedes con las ganas de saber cuál es el storytelling de la emoción del orgullo, te diré que es algo parecido a esto: he hecho algo de gran valor y me gustaría ofrecerlo al mundo, que todos lo vieran y le dieran el valor que yo le doy, como a mí me llena de orgullo estar compartiendo contigo todo esto que voy escribiendo, vaya.

Pero ¿por qué es tan importante la consciencia emocional en el arte de contar historias? ¿Por qué nos hemos detenido tanto tiempo aquí? Porque la finalidad de cualquier historia es CONMOVER, es decir, pasar de una emoción a otra. Quédate con esta frase como una de las dos o tres sentencias funda-

La finalidad de cualquier historia es conmover, es decir, pasar de una emoción a otra.

mentales de entre todas las que hay escritas en este libro. La repito, para que te dé tiempo a interiorizarla: la misión de todo relato es conmover. Y es que, cuando estamos escuchando una historia, entramos en ella con una emoción y, cuando salimos, si la historia consigue sus objetivos, saldremos de ella con otra emoción distinta. Esto pasa, por ejemplo, viendo una película, escuchando un cuento infantil o leyendo una novela, y no hay quien no lo haya experimentado. Puede que empieces a escuchar el cuento con cierto aburrimiento, es posible que entres a la sala de cine pensando en todo el trabajo que te queda por hacer; sin embargo, cuando empieza la historia, si consigue atraparte, empiezas a abandonar esas emociones para ir, poco a poco, entrando en otras, yendo por el sendero que el devenir del relato te proponga. Ese es uno de los secretos mejor guardados de las historias, nos conmueven. Y la fuerza de ese CONMOVER radica en que podemos diseñarlo para que la historia se ajuste a nuestro propósito. ¿Cómo quiero que el espectador salga de esta historia? ¿Cómo sospecho que va a entrar mi oyente? ¿Con qué emoción quiero salir yo? ¿Qué debo hacer? ¿Con qué emociones debo armarme? Así es como las emociones y las historias van de la mano.

Si existen las historias, si tienen todo el poder que tienen y que sabemos que tienen, es porque transmiten emociones, que consiguen conectar con el otro a nivel emocional, o sea, humano y profundo. Sí, las historias nos mueven (*emovere*) y nos conmueven con respecto a algo o a alguien. Y lo mismo, por supuesto, pero no quiero obviarlo, cuando nosotros estemos viviendo la historia. Cuando estemos siendo protagonistas, también podremos armarnos de las emociones que más nos convengan para ir superando cada una de las etapas que surjan ante nosotros, entre el aquí y el final feliz. Por ejemplo, para superar este obstáculo, ¿necesito aprender algo del miedo que ahora tengo? ¿Me estoy aburriendo y esta historia no es para mí, no hay nada de mí aquí? O si estoy sintiendo rabia, ¿dónde está el límite que ha sido traspasado? ¿Desde qué emoción actúo ahora, desde la de la venganza? Y así sucesivamente, como ya iremos viendo.

Por el momento, hasta aquí. Ahora te va a tocar a ti ejercitar un poco, claro.

EJERCICIO Conecta con tus emociones

Y después de todo lo dicho, lo que debes hacer, para saber conectar con los demás, es empezar contigo. Saber conectar con tus emociones. Saber cuáles entran en juego. Qué estás sintiendo, en qué grado, en qué intensidad. Y este ejercicio que te propongo, como todos los que hemos visto hasta aquí, puedes hacerlo cuantas veces quieras, repetirlo asiduamente para que no se oxide esa capacidad que tienes, que es conectar con el mundo, contigo, con los demás.

Así, ahora, piensa en un acontecimiento que sea emocionalmente significativo para ti. Ése. Ese que ahora te ha venido a la cabeza. No pienses más. No trates de racionalizarlo ni de buscar uno que resulte más sencillo de recordar… o de escribir. Escríbelo en tu libreta mágica. Sin más. Escríbelo primero y luego pregúntate qué emociones entran en juego. Qué te dice, ahora, esa historia que, desde el corazón, te ha venido a la cabeza al estar leyendo este cuadrito de ejercicios. Hazlo con sinceridad, con valentía y coraje (o sea, dejando que el corazón nos guíe). No hace falta que lo compartas con nadie, mientras lo compartas contigo, bastará.

Y te voy a decir algo que a lo mejor te sorprende. Pero estoy seguro de que este relato, esta historia que tendrás escrita en la libreta, es perfecta, cumple con las reglas de oro de las historias bien contadas. Tendrá su introducción, su nudo y su desenlace y conmoverá a quien la lea o la escuche de tus labios. ¿Sabes la razón? Porque ha salido del corazón y porque te importa. Pero, bueno, eso lo veremos en otro apartado. Por el momento, haz la prueba.

Y siempre que te preocupe algo, quieras recordarlo o, incluso, entenderlo mejor, escríbelo desde este punto de vista. ¡Eh! Y no hace falta que sea un suceso de hacer saltar las lágrimas. Cuando repitas este ejercicio, prueba a escribir ese momento en el que sentiste un aburrimiento infinito. O la ocasión en la que te sentiste orgulloso de ti o de otra persona... Lo importante es ir afilando tu conexión con el maravilloso y, sí, sorprendente universo de las emociones.

NOTA Si quieres una pincelada algo más detallada sobre el tema y todos los beneficios que tiene la escritura íntima y confesional, puedes consultar mi artículo «El mágico poder de escribir», que publiqué en *El País Semanal*, https://elpais.com/elpais/2014/06/04/eps/1401882379_258875.html. Descubrirás cosas tan sorprendentes como que «el diario personal es una de las herramientas más usadas por los psicólogos para reordenar las emociones de los pacientes. Sus beneficios son muchos; incluso, según un estudio llevado a cabo en Nueva Zelanda y publicado en la revista *Time*, la gente que lleva un diario personal cicatriza antes sus heridas, y no hablamos de las emocionales, sino de las físicas».

Las creencias, lo que nos contamos a nosotros mismos

Hemos hablado de las emociones, ya estamos de acuerdo en toda la información que nos brindan y ofrecen, de todo lo que nos cuentan acerca del mundo, de lo que ocurre y acontece y, muy importante, de lo que nos pasa a nosotros con eso que ocurre y acontece en el mundo. Aquí tenemos un punto clave y creo que vale la pena hacer un paréntesis. Vamos allá. Que algo suceda en el mundo que a mí me dé miedo es una cosa, básicamente, mía. No es un hecho. Es una interpretación. Que esas dos personas que se acercan en la oscuridad de un callejón disparen mis temores es algo que tiene que ver conmigo y que dice de mí, no de esas dos siluetas. Aquí, claro, podemos hablar de Viktor Frankl y su célebre concepto de libertad última: «La última de las libertades humanas es elegir nuestra propia actitud ante cualquier circunstancia». Lo que viene a decir que, entre el mundo, entre todo aquello que nos ofrece la realidad (sea positivo, negativo, trágico, dramático, placentero o doloroso...) y yo, hay un espacio de libertad inviolable en el que puedo decidir qué quiero que me pase con lo que está pasando en el mundo. Es un ejercicio de libertad radical que el célebre psiquiatra austríaco desarrolló en el mismo infierno, es decir, en un campo de concentración nazi.[8]

«La última de las libertades humanas es elegir nuestra propia actitud ante cualquier circunstancia». Viktor Frankl.

Si he querido poner este paréntesis aquí es para señalar la importancia que tiene este espacio personal, último. Debemos ser conscientes de que las vivencias de las emociones son particulares. Si bien todos sentimos de la misma forma y toda la humanidad comparte las mismas emociones, no todos interpretamos la realidad desde las mismas emociones. Lo que a mí me da miedo puede que a ti no te lo dé. Quien a mí me provoca asco a ti puede que te despierte deleite; a quien yo admiro a ti te puede generar odio. ¿Por qué? Porque interpretamos. Porque las cosas son y, luego, las interpretamos, las pasamos por el filtro de nosotros mismos. Es así como llegan a ser reales para nosotros. Esa interpretación se da en ese espacio que queda entre el mundo exterior y el mundo interior, un lugar que está relacionado con todo aquello que nos contamos a nosotros mismos. Es decir, las creencias. Y ese espacio, afortunadamente, lo podemos usar para crearnos, para crecer, para empezar a contarnos cosas más acordes a nuestros sueños.

---

8 Viktor Frankl escribió uno de los libros más importantes, impactantes y transformadores del siglo xx, *El hombre en busca de sentido*. Karl Jaspers, filósofo y psiquiatra alemán, por ejemplo, no duda en clasificarlo como «uno de los pocos grandes libros de la humanidad». Es en estas páginas donde expone su vivencia en un campo de concentración: «A un hombre le pueden robar todo, menos una cosa, la última de las libertades del ser humano, la elección de su propia actitud ante cualquier tipo de circunstancias, la elección del propio camino». No es que debamos leerlo una vez en la vida, casi es imprescindible hacerlo una vez al año, ni que sea para no olvidar sus lecciones.

Primero debes entender que somos creencias o, dicho de otra manera, estamos hechos a partir de nuestras creencias. El ser humano está configurado por creencias acerca del mundo, de la vida y de la muerte, del amor... Creemos y desde ahí nos creamos. Que crea que mi jefe es mala persona, por ejemplo, dice poco de mi jefe y mucho de mí mismo. Que crea que el Prat de Llobregat, la ciudad en la que vivo, es el mejor lugar para vivir, lo mismo. Dice de mí, no del Prat, que, por cierto, sí, es una gran ciudad para vivir.

Somos creencias o, dicho de otra manera, estamos hechos a partir de nuestras creencias.

Lo que estoy tratando de explicar es que la vida se distingue entre hechos y creencias, que aquí tienen forma de juicios que mantenemos en el tiempo. Un hecho es que hoy en el Prat (ya que estamos) ha llovido. Si no ha llovido, esta frase es falsa, este hecho no se ajusta a la realidad. Un hecho, su verdad o su falsedad, no es interpretable. Todas las personas que hayan estado hoy en la ciudad del Prat convendrán conmigo que, efectivamente, ha llovido. Así, pasa lo mismo con oraciones como «esta mesa tiene cuatro patas», «esta camisa es de manga larga» o «este árbol es un olivo y tiene más de cien años». Si el árbol es un pino, pues mi frase, simplemente, es falsa. ¿Se capta la idea? Ahora bien, en más de una ocasión confundimos los hechos con las creencias. Volvamos al ejemplo de mi jefe, o de mi jefa, si lo prefieres. Fíjate en esta frase: «Mi jefa es mala persona». ¿Es un hecho? Para mí sí, pero puede que para mi compañero de trabajo mi jefa, que también es la suya, sea una gran persona, brillante y capaz. ¿Quién tiene razón? Pues los dos y ninguno. Porque cada uno cree conforme a sus experiencias con la ya famosa jefa y, sobre todo, desde las interpretaciones que ha dado a esas experiencias. Si un hecho es compartido por todos y es relativamente sencillo de corroborar, un juicio es personal y en muchas ocasiones intransferible. Que la mesa tenga cuatro patas es verdad siempre que, efectivamente, esa mesa las tenga. Que sea bonita, útil, magnífica, horrorosa o cómoda es una creencia. No un hecho. Y dice de mí, no de la mesa, porque a lo mejor soy demasiado bajo para ponerme en una situación cómoda ante ella, o tengo problemas de espalda que hacen que me resulte incómoda. Eso es lo que significa que da más información de mí que de la mesa. Así que, ante todo, cuando hablamos y escuchamos, debemos estar siempre atentos a distinguir si estamos ante un hecho o ante un juicio relacionado con mis creencias.

El ser humano es un ser que emite juicios. A todas horas, incluso durmiendo (¿será esto también un juicio?). Nos configuramos a través de creencias, que no dejan de ser, como hemos visto hace un rato, juicios muy arraigados que se nos han pegado a nuestra manera de entender y procesar la información del mundo. Si te interesa todo el universo de las creencias, de cómo se crean y profundizar sobre este tema, te recomiendo el libro *La biología de la creencia*,[9] del doctor Bruce H. Lipton.

Al final, lo que sospechamos empieza a tomar forma, es decir, que CREAR es CREER y viceversa. Dependiendo de las creencias que tengamos acerca de nosotros mismos, seremos capaces de crear lo que nos propongamos o no. Te prometo que he visto a tantos creativos que han fracasado porque han dejado de creer en ellos o nunca lo han hecho... y al revés, también he estado ante la explosión del talento solo porque aquella persona ha decidido creer en sí misma. Y aquí está

Existen creencias limitantes y creencias posibilitadoras. Unas nos encojen. Las otras nos expanden.

9 Si te interesa leer una interesante entrevista al doctor Bruce Lipton, te recomiendo que leas la que Ima Sanchís le realizó para la Contra de *La Vanguardia* del 9/9/2011, https://www.lavanguardia.com/lacontra/20110909/54213913374/lo-que-pensamos-varia-nuestra-biologia.html, donde encontrarás reflexiones como la siguiente: «Si cambiamos las percepciones que tenemos en el subconsciente, cambiará nuestra realidad, y lo he comprobado a través de numerosos experimentos. Al reprogramar las creencias y percepciones que tenemos de cómo es la felicidad, la paz, la abundancia, podemos conquistarlas».

la clave. Existen creencias limitantes y creencias posibilitadoras. Unas nos encojen. Las otras nos expanden. Unas nos dan poder. Otras nos lo quitan. ¿Por qué? Por la propia forma en la que las creencias funcionan. Este es su esquema:

1. **Creencia.** Pongamos por caso que tú tienes la creencia de que no hablas bien en público. Es un juicio acerca de tu desempeño a la hora de hablar delante de grandes o pequeñas audiencias. Podrás decirme que no, que no es un juicio, que es un hecho y me aportas pruebas fehacientes, incluso testimonios de compañeros y compañeras de trabajo que dicen que, efectivamente, presentas fatal. Aun así, no es un hecho. Porque, vete a saber, a lo mejor a tu abuela le parece que hablas muy bien y que te exiges demasiado. Si puede haber alguien en su sano juicio, nunca mejor dicho, que sea capaz de emitir otra valoración, no es un hecho. En este supuesto es una realidad configurada desde tu creencia, desde, en este caso, una que te limita. La puedes cambiar inscribiendo otra más posibilitadora en tu corazón. Pero tú crees que hablas mal y eso no te deja espacio para hacer nada más que hablar fatal en público. Es como una condena. Hablas mal en público y punto, nunca podrás hablar bien. Eso es lo que te estás diciendo. Pero, para no avanzarme, sigamos con el esquema.

2. **Conducta.** El verdadero problema es que esta creencia te hace actuar de una manera determinada. Tú, al hablar en público, entras en la realidad, en la vida, pensando, sintiendo... ¡creyendo! que tú no hablas bien en público y que nunca vas a hacerlo. Crees y creas. Así, imagino que entrarás en la sala con una buena dosis de vergüenza, miedo, temor, inseguridad... emociones, todas ellas, que no te van a ayudar a hablar mejor, seguro. Por no hablar de las ganas que tendrás de que todo haya pasado, de terminar tu presentación y volver a tu espacio de confort para lamentar lo mal que presentas. Es decir, las creencias hacen que tengamos una conducta acorde a eso que creemos. ¿Y tú qué crees, que alguien que entra así ante una audiencia lo hará bien o lo hará mal? ¿Transmitirá seguridad y dominio tanto de la situación como del contenido que quiere compartir o, por el contrario...? Eso es, lo contrario.

3. **Resultado.** Correcto. La respuesta es que alguien que entra así en una presentación obtendrá unos resultados acordes a su conducta, que responde a su creencia. Es muy complicado que, si crees que no hablas bien en público, los resultados sean otros. Si tengo la creencia de que no me entiendo con tu amiga es difícil que tengamos una conversación en la que los dos nos sintamos escuchados y con espacio para conversar desde el respeto. Pues eso. Pero es importante ser conscientes de que esos resultados vienen de una conducta concreta que bebe de una creencia establecida. Importantísimo. Tanto, que el resultado es una consecuencia. A mí me parece muy poderoso la etimología de *resultado*, está relacionada con el verbo latino *resultare*, que significa 'salto hacia atrás', 'rebote'.... O sea, que un resultado es el rebote, una consecuencia de algo que está detrás. ¿Qué está detrás? La conducta. ¿Y detrás? La creencia.

4. **Refuerzo.** Así, con el resultado obtenido en este ejemplo que nos ha guiado por todo el circuito de las creencias, lo que harás será reforzar la creencia de que no hablas bien en público, que no tienes ese don, que se te escapa esa capacidad, y la rueda volverá a girar y, cuando de nuevo tengas que hablar en público, se volverá a activar este ciclo que te imposibilita tanto obtener unos buenos resultados como aprender y desarrollarte como orador.

Este es el ciclo. Y hay que decir que, según los expertos y estudiosos, una creencia no puede ser eliminada. Puede ser substituida por otra. Me explico. Imagínate que paso de la creencia de que no se me da nada bien presentar en público a la creencia de que, aunque me cueste hablar delante de una audiencia, voy a aprovechar cada oportunidad que tenga para aprender, desarrollarme y ampliar mis capacidades. Si instauras esa creencia, si te cuentas esto a ti mismo, ¿cómo crees que va a ser tu conducta ante tu próxima presentación? ¿De qué manera estarás frente al público? ¿Qué resultados obtendrás? ¿Cómo te sentirás? Este es un ejemplo de cambiar una creencia limitante por otra posibilitadora. En la primera no tienes salida, eres víctima de esa creencia que te has creado. En la segunda tienes caminos por recorrer, te ha generado posibilidades de aprendizaje y de desarrollo. En el fondo, si lo miras bien, tanto la primera creencia como la segunda son historias. Son palabras dispuestas en una narración, en un storytelling que habla de tu pasado y condiciona tu futuro, un storytelling que puedes diseñar para no estar a su merced, sino que él esté a tu servicio. Eso es storycoaching. Qué quieres contarte para alcanzar las metas, los objetivos y la vida que tú quieres. Si prefieres algo más científico, fíjate en lo que dice el Dr. Lipton: «El subconsciente es un procesador de información un millón de veces más rá-

Eso es storycoaching. Qué quieres contarte para alcanzar las metas, los objetivos y la vida que tú quieres.

pido que la mente consciente y utiliza entre el 95 % y el 99 % del tiempo la información ya almacenada desde nuestra niñez como un referente. Por eso cuando decidimos algo conscientemente como, por ejemplo, ganar más dinero, si nuestro subconsciente contiene información de que es muy difícil ganarse la vida, no lo conseguiremos».[10] Así que no solamente debemos contárnoslo, debemos creérnoslo. Crear, creer... ya sabes.

EJERCICIO Los cuentos que te cuentas

Estamos hechos de creencias. Tú, yo... cualquiera. En muchas ocasiones estas creencias actúan silenciosamente. Casi sin que nos demos cuenta. Es un automatismo invisible que nos condiciona. Pues bien, poner consciencia en esas creencias es algo muy poderoso. Así que abre tu libreta, abre también tu corazón, mira hacia tu interior, viaja hasta las profundidades de tu ser, y anota cuáles son tus creencias limitantes. Escríbelas. Qué cosas te cuentas como si fueran verdades inmutables y anota, del mismo modo, qué te están impidiendo hacer, qué metas estás dejando de conseguir por culpa de estos cuentos que te cuentas. Apunta todas las que detectes. No hay límite, nunca mejor dicho.

Una vez que hayas terminado esta maravillosa introspección, escribe esa misma creencia de otra forma. ¿Cómo podrías convertirla en una creencia posibilitadora en lugar de limitante? ¿Cómo puedes transformarla o substituirla? Antes hemos visto el ejemplo de la creencia de que no hablabas bien en público y la hemos transformado en que, si bien te resulta un poco agobiante, estás dispuesto a mejorar y que, de hecho, puedes hacerlo. Ese es el punto. No se trata de mentirte, se trata de transformar los límites que te pones en nuevas posibilidades que te regalas.

Los resultados serán diferentes a los que has obtenido hasta ahora... ¡lo creo firmemente ^__^!

10 *Idem*. Contra de *La Vanguardia* del 9/9/2011.

NUDO

EL TEMA, ¿DE QUÉ DIABLOS ESTAMOS HABLANDO?

Dejamos atrás la primera parte de este viaje, parte que nos ha servido para prepararnos y, espero, para que te des cuenta o, como mínimo, sospeches que puedes alcanzar cualquier destino que te propongas a través de las historias que tú vayas creando primero y viviendo después... ¿O es al revés? Bueno, da igual, decídelo tú. Lo importante es que ahora sabemos del poder de las historias, de la magia del storytelling y de la gran capacidad que atesoramos (¡qué bonita palabra!) en nuestro interior. Además, con las herramientas de la mirada, las palabras, el tono, la creatividad y las emociones y creencias, es posible que ya empieces a sospechar que este taller no va de construir cosas, sino de construirte a ti, y que lo hagas tal como tú decidas y quieras. De la manera en la que te sientas pleno, satisfecho y, por qué no, feliz. Porque así son los mejores cuentos, ¿verdad? Los que tienen un final feliz y nos dejan inspirados, con esa sensación de que hemos aprendido algo de gran valor que podremos usar en este mundo, en el nuestro. Pero no vamos a hablar aún de los finales, antes hay que pasar por otros paisajes, antes debemos andar otros caminos.

Ahora es el momento de hablar del corazón de la historia, aquello que hace que el relato palpite, lata, tenga el soplo de los dioses y haga avanzar los acontecimientos. ¿De qué estoy hablando? Del tema. ¿Qué es el tema? De lo que va la historia, así de sencillo y así de complicado. El tema es la razón de ser de la historia y por la que el autor o la autora ha decidido invertir tiempo, energía y, a veces, mucho dinero para contar esa historia y no otra. Porque no quiere contar una serie de acontecimientos y ya está, lo que pretende es reflexionar acerca de un tema en concreto. Este punto lo explica muy bien Andrew Stanton, uno de los grandes creadores de PIXAR y padre, por ejemplo, de *Buscando a Nemo*, en una maravillosa charla TED titulada «Las claves de una gran historia».[1] En uno de los momentos de la charla, Stanton habla de la película *Lawrence de Arabia*, de David Lean, y de cómo le fascinaba esa historia, le conmovía, le llegaba a lo más profundo del corazón. Sin embargo, no acababa de detectar el tema, la razón por la que esa historia le atrapaba tanto. Fíjate en que, incluso él, un profesional de la narrativa cinematográfica no acababa de detectar el gran propósito de la película. Lo que sí sabe Stanton es que ese interés y conexión que siente por la película no atiende a los meros acontecimientos, las cosas que van pasando... Al tratarse de una película histórica, todos sabemos qué es lo que va a ir ocurriendo, incluso sabemos perfectamente que el personaje muere y que, de alguna manera, fracasa en su intento. ¡Eh! No estoy haciendo *spoiler*, esto es Wikipedia pura y dura. Pero no nos desviemos. El caso es que, al final, Stanton consigue identificar el tema cuando en una escena le gritan a Lawrence de Arabia: «Who are you?». Que significa algo así como «¿Quién eres tú?». ¡Ese es el tema de la película!, ese es el motor de una obra del séptimo arte que te recomiendo encarecidamente que veas y disfrutes, y, si ya lo has hecho, si ya la has visto, revisítala con esta mirada nueva que estás desarrollando entre estas páginas. Volvamos al tema.

El tema es la razón de ser de la historia.

1 Te dejo aquí el enlace por si te apetece verla. A mí me inspira tanto como me motiva y creo que puedes sacar muchas lecciones vitales. Yo lo he hecho y, créeme, la veo más de diez veces al año, ya que la pongo en muchos de mis talleres. Nunca me canso: https://www.ted.com/talks/andrew_stanton_the_clues_to_a_great_story?language=es

¿Qué significado tiene ese «¿Quién eres tú?»? Que toda la historia orbita en torno al tema de la identidad. Thomas Edward Lawrence[2] es un hombre que se busca a sí mismo. Sí, participa y trata incluso de liderar la revuelta árabe producida en plena Primera Guerra Mundial. Sí, hay acción en la película. Sí, hay diálogos brillantes, giros, pasión y suspense. Sí, hay de todo, pero el tema, la identidad, el saber quién eres y cuál es tu destino si es que lo tienes y si es que estamos llamados por él o no... esa es la brújula con la que la historia no pierde el sentido, el rumbo. El tema es, por tanto, aquello de lo que estamos hablando, casi me atrevería a decir que es aquello que hay en juego. Pongamos otro ejemplo, algo más actual, pero, ya que estamos con Stanton, no vamos a abandonar PIXAR: *Soul*, ¿has visto la película? En este caso el director es Pete Docter, responsable de *Del revés (Inside Out)*,[3] *Up!* o *Monstruos, S. A.* Y aquí sucede lo mismo. Claro que el protagonista muere y se transforma en un alma que quiere volver a la Tierra para poder seguir con sus sueños de jazz, pero ese no es el tema, de eso no va la película. La película va de celebrar la vida. ¡De vivir!

---

2 Al final, esa búsqueda de identidad que tan bien queda reflejada en la película es muy real. Tanto que Lawrence, atravesando una crisis personal, tuvo que contarse lo que vivió en el desierto, tuvo que ordenar todas esas experiencias, pensamientos, confesiones y revelaciones en el espejo de las páginas de un libro. Así nació *Los siete pilares de la sabiduría*, un testimonio de una época, de una aventura y de unas circunstancias, pero también del corazón de un hombre que vivió una aventura extraordinaria en el mundo y en su mundo interior y que la compartió con quien quisiera adentrarse en las páginas de su libro.

3 Ya que hemos estado hablando de las emociones, *Del revés (Inside Out)* es perfecta para seguir familiarizándote con la alegría, el miedo, la tristeza... En este caso, estas emociones principales de las que hablábamos son literalmente las protagonistas de la película. Además, cuenta con la supervisión de Paul Ekman, quien en 1972 definió las seis emociones principales como las conocemos hoy en día. Es decir, que, además de ser una gran película, se ajusta perfectamente a las teorías de la consciencia emocional.

Simplemente... o no tan simplemente. Y luego, todo lo demás. Y esto con toda historia, sea de cine o no. *Crimen y castigo*, de Fiódor Dostoievski, va de la búsqueda de redención del protagonista, Raskólnikov, después de cometer un crimen atroz. El tema de *Don Quijote de La Mancha* es la lucha entre la fantasía y la realidad, entre una sociedad que se va modernizando y una idealizada por los libros de caballerías...

Puede ser que te estés preguntando qué tiene esto que ver contigo, con las historias que te vas a contar a partir de ahora. Antes de contestarte, déjame invitarte a hacer un sencillo ejercicio:

EJERCICIO ¿De qué diablos estamos hablando?

Piensa en una película, un libro, un poema, un cuento infantil... Trata de recordar una historia que te guste, una de tus favoritas, tenga la forma que tenga, y averigua cuál es el tema. De qué crees que te está hablando el creador o la creadora. ¿Sobre la amistad? ¿El amor? ¿La lujuria? ¿De cómo la tecnología nos aprisiona y elimina nuestra voluntad? Apúntalo en tu libreta.

Este ejercicio activará tu radar para detectar los temas, para entender qué hay en juego en lo que alguien te está contando y, por tanto, te ayudará a saber de qué va la historia que quieres contarte, pero para ello debemos salir del cuadro.

Seguimos.

Ahora me toca responder a la pregunta que yo he pensado que te estabas haciendo, es decir, qué tiene que ver contigo esto del tema, qué relación hay con las historias que vas a contarte a partir de ahora. La respuesta es todo. Porque detrás de toda historia hay un tema, aunque a veces no seamos conscientes de este, aunque en ocasiones no sepamos detectarlo a la primera... Hay un tema que late y que, de una manera u otra, hace avanzar esa historia.

> **Detrás de toda historia hay un tema que late y que, de una manera u otra, hace avanzar esa historia.**

Pongamos un ejemplo: imagina que te propones pedir una promoción en tu puesto de trabajo. Bien, pues antes de pasar a la estructura de esta historia que quieres vivir para orientarla a un final feliz, es decir, conseguir tu promoción, es de vital importancia que entiendas de qué va la historia. ¿Cuál es el TEMA? ¿Es el dinero? Es decir, ¿quieres esa promoción para conseguir mejores condiciones económicas? ¿Es el estatus? ¿El orgullo? ¿La superación? ¿O, tal vez, se trata del progreso personal? Pongamos otro ejemplo. Quieres conocer a una persona. Te interesa y quieres tener una cita. El tema principal de este relato de vida, ¿cuál es? ¿El sexo? ¿La búsqueda de alguien con quien compartir tu vida? ¿Tal vez el amor prohibido? Siempre hay un tema, y es bueno que seamos conscientes de él. Y, para ello, lo mejor es mirarnos desde lejos, como si estuviésemos viendo una película, leyendo un libro o asistiendo a una obra de teatro. Así te será mucho más sencillo entender qué hay en juego, comprender de qué demonios estamos hablando.

EL PROPÓSITO, EL TEMA DE LOS TEMAS

El tema es el corazón de la historia y cada historia tiene un tema. Pero, cuidado, porque aquí, en tu vida, no estamos hablando de una sola historia. La vida, tu vida, se compone de multitud de historias que se entrelazan, que empiezan y terminan, que, a veces, vuelven a empezar. Y todas estas historias deberían poder responder a un gran tema que guíe tu vida, que te sirva de faro, de luz. Estoy hablando, sí, del propósito de tu vida. El propósito, en este universo del storycoaching, es el tema de los temas y puede ayudarte a ver si las historias en concreto que quieres vivir y crear son coherentes con la persona que te has propuesto ser. Tener claro el propósito te puede ayudar a, incluso, dejar a un lado ciertas historias y perseguir otras. Puede echarte una mano poderosa para saber si lo que estás queriendo vivir es importante para ti o no lo es. Porque el propósito es tu razón por la que estás en el mundo. En Japón lo llaman tu *ikigai*[4] y su esquema es tan sencillo como poderoso:

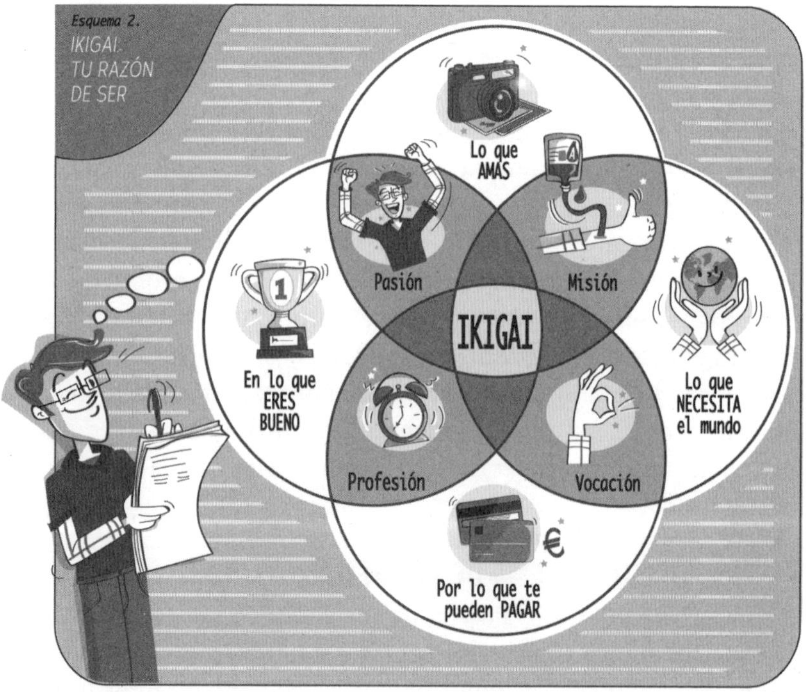

Aquí no vamos a hacer un curso de *ikigai*, en eso mi buen amigo y maestro Francesc Miralles puede ayudarte mucho mejor. Aquí lo importante es saber cuál es el corazón que te mueve, te motiva y, sobre todo, hace que no te desvíes del camino de aquello que te hace feliz, te hace sentir pleno, mo-

4 Te recomiendo que leas el libro *Ikigai* de Francesc Miralles y Héctor García, que te ayudará a encontrar y escribir ese propósito de vida en el que alinearte para ser feliz.

El propósito es el tema de los temas y puede ayudarte a ver si las historias que quieres vivir y crear son coherentes con la persona que te has propuesto ser.

tivado, querido y valorado. Yo tengo el mío. Y espero que mi propio ejemplo pueda servirte de ayuda. Porque hasta no hace tanto yo hacía muchas cosas. Todo el tiempo estaba muy ocupado y, claro, a veces me sentía como esa maravillosa frase que usa Terry Pratchett en *El color de la magia*, donde uno de los personajes asegura que va a buscarse un trabajo de malabarista en el infierno y con bolas de nieve, que no es cualquier cosa[5]. Muy gráfica, ¿verdad? Pues eso. Además, a veces, me movía por el dinero, otras veces por un altruismo que podía rozar con la estupidez. Incluso, en ocasiones, no sabía si moverme o estarme quieto. Sí, trabajaba en una empresa de publicidad. Sí, escribía libros infantiles y juveniles, y artículos, y daba talleres y clases. Clases de todo, desde storytelling a marketing de afiliación, cosa que debo confesar que me aburría de una manera aterradora. ¿Por qué lo hacía, entonces? Simplemente porque no sabía lo que hacía. Pero esto cambió cuando, gracias a mi formación de coaching, me propuse escribir mi propósito. Mi razón de ser. El TEMA principal de mi vida. Aquel que estaba en todas las historias en las que me sentía BIEN, así, en mayúsculas, y el que no encontraba en todas aquellas historias en las que no me sentía tan bien o ni un poquito bien, así, en minúsculas. Así, escribí esta frase, que la tengo colgada en la pared de mi despacho para no olvidarla, para tenerla presente, es decir, en el presente.

> Mi propósito es alentar los sueños de las personas a través de las historias, tanto de las que yo creo como de las que pueden crear ellas mismas.

---

5 La frase no tiene desperdicio, te la dejo aquí para que la disfrutes: «Y después me buscaré un trabajo de malabarista en el infierno, para hacer equilibrios con bolas de nieve, añadió amargamente para sus adentros».

Observa que en esta frase se cumplen todas las facetas de mi vida que me hacen sentir vivo. Porque incluyo la creación de historias, sean para niños, sean para marcas comerciales, sean para mayores... Y también toda la actividad de coaching, porque la vida no deja de ser todo lo que te cuentas a ti mismo y te podrías contar de otra manera. Además, al escribir la palabra *creación*, no olvido mi faceta de creativo, indispensable, como ya hemos visto, para todo esto que estamos hablando. Así, ahora ya sé que en mi propósito no está la fama. Ni el dinero. Ni el estatus. ¿Significa que no los quiero? ¿Que los rechazo o los rehúyo? No, quiere decir que deberán venir como consecuencia de mi propósito, pero no son el propósito. Así, puedo rechazar sin problemas impartir talleres de marketing de afiliación. No porque tenga nada en contra, sino porque no están en mi propósito. Podríamos decir que es un acto de generosidad. Lo dejo para que ese curso, ese dinero, lo gane alguien para quien el marketing de afiliación esté en línea con su propósito. Me muevo por esto. Y esto es lo que debe moverme a su vez.

Al escribirlo, además, deja de ser una mera idea para pasar a ser algo que está en el mundo. Algo físico. Como una constitución propia a la que puedo volver cuando me sienta perdido. Y, por qué no, cambiar si creo que ya no me sirve y ya no me hace feliz. No es mi caso.

Antes de pasar al siguiente apartado, creo que vale la pena que te cuente algo acerca del propósito y el bienestar. Sí, el bienestar, que ahora está tan de moda y que perseguimos como si nos hubiésemos dado cuenta de que es posible estar bien en el mundo, es decir, en relación con uno mismo, con los demás, con el planeta y con la empresa para la que trabajamos o, si es tuya, desde la que trabajamos. Y es aquí donde quiero detenerme. Ya sabes, las empresas saben producir resultados, aunque todavía están muy orientadas a lo económico. Sin embargo, esto está cambiando a marchas forzadas. Tanto es así que, quizá lo sepas, en Estados Unidos hace algún tiempo ha aparecido la figura del *chief happiness officer*, que traducido vendría a significar algo así como el jefe, el responsable de la *felicidad* de la oficina. ¡Sí! No pongas esa cara, si lo piensas bien no debería extrañarnos. ¿Recuerdas el significado etimológico de la palabra felicidad que hemos visto antes? Es 'fecundo', 'fértil'. Para una empresa, que sus empleados sean felices quiere decir —hay estudios que lo avalan y por eso la empresa se esfuerza en ello— que producirán más, que juntos obtendrán más beneficios. ¿Por qué te cuento todo esto? Porque aquí, en España, la Universidad Internacional de La Rioja, una de las más importantes de todo el país en enseñanza en línea, ha puesto en marcha el primer Programa Executive en Chief Happiness Officer. ¿Y por qué te cuento todo esto, te seguirás preguntando? Porque mi buen amigo y mejor escritor Andrés Pascual es quien ha montado este programa, tan exitoso como pionero, y tuvo a bien incorporar una sesión acerca de storytelling, bienestar y propósito de empresa. Porque las empresas que tienen un propósito, que no solo tienen un objetivo numérico, son más productivas y, después de todo, venden más. Y no solo eso, hace que sus empleados también sean más felices. Es aquí donde quería llegar. Que el propósito es de vital importancia, también, en términos de negocios. Normal. Porque el propósito no deja de estar conectado con una narración, una de vida y una vida que me pertenece y de la que quiero ser protagonista. *Propia* y *propicia* son dos palabras que están muy cercanas, ¿verdad? Este punto nos conecta incluso con la filosofía y con uno de los pensadores más grandes e influyentes del siglo XX, con el permiso de Ludwig Wittgenstein[6] y de Hannah

---

6 Wittgenstein nos regaló una de las llaves maestras de muchas de las cosas de las que estamos hablando aquí. Su frase «Los límites de mi lenguaje significan los límites de mi mundo», correspondiente a su proposición 5.6 del *Tractatus logico-philosophicus*, siempre la tengo presente, es una gran lección de vida. Cuanto mayor sea mi lenguaje, mayor será mi mundo.

Arendt,[7] bajo mi modesto modo de ver. Estoy hablando de Martin Heidegger y su concepción de vivir con propósito, de alguna manera, la única forma que tenemos de superar la consciencia de que «somos para la muerte». Para Heidegger, entonces, existe una existencia inauténtica y una auténtica:

- **Existencia inauténtica:** «La dimensión del "se" es la de la vida inmersa en el mundo, en la que el hombre "anónimo" expresa opiniones y actúa como los hacen todos los demás ("se dice", "se hace"). Dado que piensa como todos los demás, es perfectamente intercambiable por cualquier otro».[8] Es decir, que no se hace cargo de su propio ser, no vive una vida que sienta como propia y se confunde con los deseos de los demás, con las obligaciones de la sociedad.

- **Existencia auténtica:** por el contrario, también existe el otro reverso de la moneda. Girarla y contemplarla y vivirla es, por tanto, dar la bienvenida a una existencia en la que somos conscientes de que algún día moriremos y, por tanto, decidimos vivir en el mundo de una manera propia y, en consecuencia, propicia.

Esto es, de modo muy telegráfico y esquemático, una de las muchas lecciones de vida que hoy nos puede dar Heidegger. Pero no hace falta circunscribir la importancia del propósito

---

7 Hannah Arendt escribió *Los orígenes del totalitarismo*, un libro en el que reflexiona acerca de cómo es posible que venzan, y convenzan, en nuestras sociedades fenómenos como el nazismo o el estalinismo. Sin duda, a juzgar por lo que estamos viendo en la actualidad, es un libro que nos puede ayudar a comprender qué está pasando ahora mismo en nuestras calles e instituciones y qué queremos permitir que ocurra.

8 Si te interesa acercarte a conceptos filosóficos explicados de forma brillante y sencilla de entender, te recomiendo una joya titulada *Gran historia visual de la filosofía*, de Masato Tanaka y Tetsuya Saito.

al mundo de la filosofía. Tal y como decíamos y tal y como queda demostrado en la formación empresarial que se está imponiendo, el propósito es de vital importancia en los negocios. Y aquí, que también nos sirva como pincelada, el modelo de Simon Sinek y su célebre y celebrado círculo dorado (*Golden Circle*)[9] nos puede dar muchas pistas para descubrir el nuestro propio. Este modelo es sencillo y poderoso:

Esquema 3. CÍRCULO DORADO (GOLDEN CIRCLE)

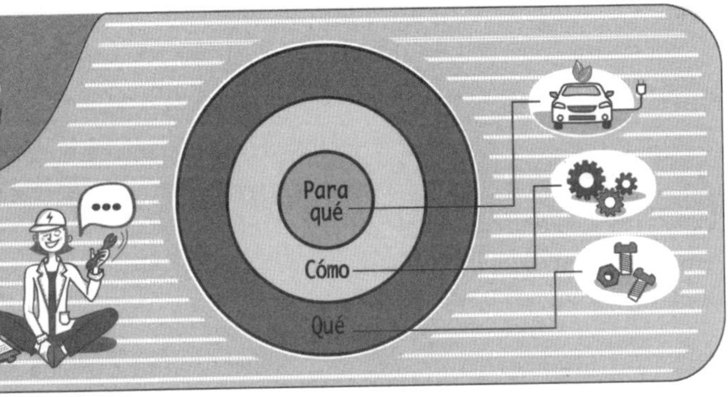

El «qué» es aquello que una empresa hace, por ejemplo, tornillos. Es difícil que un trabajador de cualquier empresa no sepa responder a esta pregunta. ¿Qué hace la empresa en la que trabajas? Bien. Luego está el «cómo», y, si seguimos con el ejemplo de los tornillos, es posible que tampoco tuviéramos demasiadas dificultades para responder a esta pregunta. ¿Cómo hace estos tornillos tu empresa? Pues la verdad es que no sé demasiado de tornillos, pero es posible que nos digan que con unas máquinas, que comprando materiales aquí o allá, y, además, que los hacen muy resistentes con las mejores materias y los procesos más avanzados. Seguro que te haces una idea. Pero aún nos queda una pregunta que resolver. El «para qué». Cuál es la razón de ser de tu empresa. ¿Por qué está en el mundo? ¿En

9 Simon Sinek desarrolla el modelo del *Golden Circle* en *Empieza con el porqué*.

qué mejora la vida de las personas, en qué hace avanzar a la sociedad? ¿En qué cree? No qué crea, tornillos, sino en qué cree. Es muy distinto y más complejo de responder. Y si bien este no es un libro de empresa y no vamos a reflexionar ni desarrollar aquí el Círculo Dorado, sí que es importante volver a señalar que las empresas que tienen definido este propósito venden más, gozan de mejor reputación, y la gente, o sea, tú y yo y nosotros, estamos más predispuestos a comprar sus productos o servicios que los de aquellas que no lo tienen. Y es por eso por lo que las grandes empresas tienen su propósito muy definido. Porque les ayuda a ir bien, a desarrollar sus storytellings desde su tema, desde lo que les es propio y auténtico y con una misión en el mundo que les convierte en necesarios, ni que sea para todos los que trabajan allí. Es en este sentido que el storytelling también está vinculado con la felicidad, la corporativa y la nuestra, la de las personas.

EJERCICIO Tu propósito personal

Ha llegado el momento de pasar a la acción. De abrir la libreta y escribir tu propósito personal. Para ello te puede ayudar el esquema de *ikigai* o tal vez prefieras usar el Círculo Dorado. Lo importante es que dediques el tiempo necesario y que escribas desde el corazón. Pásalo por la cabeza, pero no te olvides del corazón. Profundiza. Habla contigo mismo. Y hazte preguntas poderosas:

- ¿Qué me sienta bien hacer?
- ¿Qué se me da bien hacer?
- ¿Qué dicen los demás que se me da bien?
- ¿Qué QUIERO hacer?
- ¿Para qué estoy en el mundo?
- ¿Qué vida quiero vivir que me sea propia?

«MAKE ME CARE»

¿Sabes qué? Una vez que tengas escrito tu propósito, tu para qué, y lo creas y lo sientas, te va a resultar mucho más sencillo detectar si el tema de aquella historia que estás a punto de vivir, o ya estás viviendo, es importante para ti o, simplemente, no lo es y te has atascado, emocional e intelectualmente, en un asunto que, visto desde esta nueva perspectiva, te da igual. Y si te da igual, también te dará igual el resultado de esa historia, es más, es posible que ni obtengas resultados, lo que no deja de ser un resultado.

El caso es que es más que posible que te quedes varado en la introducción o en el nudo..., aunque esto lo veremos más adelante. Ahora lo importante es esto: las historias que vivas, en las que entres y te desarrolles, deben importarte, y aquí creo que te va a ayudar un concepto que sale en el vídeo de Stanton que espero que ya hayas disfrutado. La expresión que él usa es: «*make me care*», lo que significa «haz que me importe». Según Stanton, todas las historias que consiguen atraparnos usan la ley del «*make me care*». Estas historias logran que te importen. De una u otra manera. Estéticamente. Visualmente. Intelectualmente. Vitalmente. Como sea, pero aprendes cosas que no sabías, incorporas aptitudes, reflexiones o capacidades que no tenías dentro. Tal vez esas historias te confirmen cuestiones que tú ya sospechabas o, por el contrario, te cambien el punto de vista. Da igual, lo destacable aquí es que consiguen ser importantes para ti. Stanton nos habla desde un punto meramente de ficción, de cómo construir una historia de fantasía. Es lógico, incluso desde un punto de vista de proyecto. Si no te importa, puede que te aburras mientras estás escribiendo esa historia y, si te aburres, es más que probable que acabes abandonando por la simple razón de que, claro, te aburre. Con la vida pasa lo mismo. Las historias que te propongas vivir deben ser importantes para ti, solo de este modo conseguirás que sean importantes para los demás, que te ayuden, que se unan a tus metas y objetivos, a tu propósito. Solo así podrás sentirte importante cuando estés viviendo esas historias. ¿Nunca te ha pasado estar batallando por algo que, en el fondo, sabes que no te importa? ¿No has estado desviviéndote por conseguir algo que, una vez que lo tienes, te deja con una fuerte sensación de indiferencia? ¿O perder los nervios y el sueño en circunstancias que, al pensarlo bien, te dan igual? Pues eso. «*Make me care*». Y, claro, cuanto más cerca esté el tema de la historia en concreto de tu propósito, de tu HISTORIA, en mayúsculas, más importancia tendrá para ti y mejor te irá. Todos podemos tratar de engañarnos y de decir que sí, que nos importa esto o aquello, pero, si no lo sientes hasta en la última célula de tu cuerpo, no lo harás. O lo harás por hacer y, por tanto, el resultado te dará igual. No te dejarás la piel en ello. Y, entonces, es muy complicado obtener resultados satisfactorios. Para mí, el descubrimiento del «haz que me importe» me abrió los ojos. Me permitió hacerme preguntas poderosas acerca de mí, de si esto en concreto me importa o, en el fondo, es una cuestión de ego y, una vez conseguido, lo olvidaré al segundo. Pero también me permitió preguntarme si esto que le voy a contar a esa persona le importará realmente. Claro, entonces se me abren unas nuevas posibilidades de diseño y actuación, porque automáticamente puedo pensar en cómo explicar esa historia, cómo comunicarme con esa otra persona para que realmente le importe y pueda acompañarme, ayudarme o, simplemente, interesarse.

Las historias que te propongas vivir deben ser importantes para ti, solo de este modo conseguirás que sean importantes para los demás, que te ayuden, que se unan a tus metas y objetivos, a tu propósito.

EJERCICIO Y a ti... ¿qué te importa?

Abre tu libreta bonita, esa que has estrenado con el inicio de esta lectura, y haz memoria. Apunta dos historias que hayas vivido. Una que te importara. Otra que, a pesar de lo que pudieses pensar, no te importaba y, sin embargo, invertiste tiempo, ganas, preocupaciones... Escríbelas. Que te sirvan de espejo. De viaje al pasado para sacar los aprendizajes necesarios para el futuro.

LA ESTRUCTURA DE CUALQUIER HISTORIA

Introducción, nudo y desenlace. Todo relato puede reducirse a estas tres partes, estos tres actos que ya enunció Aristóteles en su *Poética* y que seguro te suenan del colegio. Sí, principio, medio y fin. Podemos sofisticarla más, elaborar nuevos diagramas y entrar más en el detalle, pero, al final, encontraremos que estos son los pilares necesarios para erigir una gran historia. Y, lo que es mejor, cada parte tiene sus particularidades y sus funciones específicas. Ahora lo importante es entender que tanto Harry Potter como el último abrazo que has dado a un ser querido o el último archivo que has eliminado de tu ordenador pueden ser explicados a partir de la introducción, el nudo y el desenlace, o lo que es lo mismo: prótasis, epítasis y catástrofe:

- **Prótasis o introducción,** es donde se exponen los elementos que van a configurar la historia y empiezan a ponerse en marcha.
- **Epítasis o nudo,** o cómo se van complicando los distintos sucesos.
- **Catástrofe o desenlace,** la última parte, cuando terminan y se resuelven los conflictos para volver, de alguna manera, a la normalidad.

Hemos dicho que cualquier historia puede estructurarse así, incluso abrazos y archivos eliminados se comportan de la misma manera que el último taquillazo de Hollywood o el nuevo *best seller* que inunda las librerías. Veamos el abrazo, ¿te parece?

Fíjate: en un abrazo existen, previamente, las ganas de darlo, es decir, la introducción, cuando las personas se acercan con la motivación de fusionarse. Luego nos encontramos con la epítasis, las cosas se enredan, se complican, literalmente en este caso, ya que las dos personas se entrelazan en ese acto mágico que es el abrazar. Y, al final, también de manera literal, existe un desenlace o catástrofe.[10] Los brazos dejan de formar ese lazo, ese nudo, y es el fin del momento íntimo, de esa cercanía en la que dos almas pueden reconocerse.[11] Y, después de todo, como hemos visto, hay un regreso a la normalidad, cada una de las dos partes abrazadas vuelve a su estado natural de *no estar abrazadas*, pero, como sabrás por experiencia, nadie sale de un abrazo de la misma forma en la que entró. Ha habido un viaje emocional. Nos ha conmovido, ¿recuerdas? Hemos pasado de una emoción a otra. Sí, introducción, nudo y desenlace. ¡Incluso cuando tiras un archivo a la papelera! Veámoslo.

Hay un archivo que no quieres, vete a saber la razón, pero prefieres eliminarlo a que siga ahí, por lo que decides poner el cursor encima y justo ahí termina la exposición de los elementos dramáticos. Luego arrastras el archivo por todo el es-

---

10 No te dejes llevar por el uso popular de la palabra *catástrofe*. Catástrofe viene del latín *catastrophe*, que a su vez deriva del griego *katastrophé*. Su significado es el de 'voltear hacia abajo y hacia el final' en el sentido teatral del término. No en la acepción de desastre natural, sino en el sentido de que la acción desciende, va terminando. Giro y evolución. Es perfecto en relación con la estructura de una historia, ¿no?

11 Se conocen los beneficios de los abrazos, como la reducción del estrés, el aumento de la autoestima, la transmisión de fuerza y energía y la mejora de las relaciones interpersonales. Además, se dice que un abrazo bien dado, uno de esos, ya sabes, como mínimo debe durar diez segundos. Nos abrazamos poco y durante poco tiempo, me temo...

critorio (la razón por la que siempre los ítems que queremos eliminar están tan lejos de la papelera es un misterio). Ahora estamos en pleno nudo, cuando haces viajar el archivo mientras lo mantienes seleccionado. Claro, puede complicarse la cosa y que se te escape el ratón y el archivo acabe dentro de una carpeta donde no debería estar y mil cosas que seguro te han pasado cuando quieres arrastrar un archivo a la papelera. Sea como sea, esas complicaciones, más o menos dramáticas, pertenecen al desarrollo de los elementos que hemos expuesto en la primera parte. ¿La catástrofe? Aquí ese giro hacia abajo, ese golpe teatral de la historia, lo encontramos al introducir el archivo dentro de la papelera, soltar el cursor y escuchar ese ruidito como de papel arrugándose, que se está destruyendo. ¡Ese es el final! Y está marcado de manera sonora. No es por casualidad que se produzca ese sonido y no, pongamos el caso, una trompeta celestial. Los diseñadores de la experiencia de usuario,[12] conscientes de todo esto, saben perfectamente que un final debe ser emocional, en mayor o en menor grado, pero emocional. Ese sonido conecta con la emoción de haberme desprendido de algo que no quería. Me deja con la sensación de liviandad, de haberme quitado peso de encima. Ya no está el archivo y lo sé, lo he oído. Aquí termina la historia del archivo.

Abrazo, archivo, Harry Potter o *Guerra y paz*. En los textos más largos o en los relatos más cortos, podemos detectar la introducción, el nudo y el desenlace. La prótasis, la epítasis y la catástrofe se entremezclan con las motivaciones de los distintos personajes que se encuentran en la historia, que se desarrolla en un escenario. Y, claro, si todo esto nos sirve para crear ficción, también nos ayudará para crear nuestra realidad. Y analizarla. Y ser conscientes. ¿No te has encontrado,

---

12 Si te interesa el storytelling aplicado al diseño y a la experiencia de usuario, te recomiendo un maravilloso libro de Ellen Lupton titulado *El diseño como storytelling*, publicado por Editorial Gustavo Gili.

en ocasiones, atrapado en la introducción de una historia con la sensación de que no avanza? ¿O de que no concluye, que no existe ese regreso a la normalidad que nos promete la catástrofe? ¿No te has quedado enredado, a veces, en un nudo que no ves cómo deshacer y no paras de dar vueltas a la misma historia? Los autores, las autoras, saben manejar perfectamente esta estructura. Conocen cómo funciona cada parte y qué debe ocurrir para que sus historias avancen, para que sus protagonistas no se estanquen, para que sus héroes y heroínas alcancen su destino. Tú, como autor de tu vida, lo mismo. Puedes distanciarte de la historia que estás viviendo y ser consciente de en qué punto te encuentras. Haz la prueba:

EJERCICIO Estructura tu historia

Del mismo modo que en el ejercicio de conexión emocional conectaste con un acontecimiento emocionalmente significativo en tu vida y lo escribiste en tu libreta, ahora piensa en alguna situación que hayas vivido y que, por alguna razón, te haya venido a la cabeza en estos instantes. Ya sabes cómo es la cabeza, hace aparecer cosas tan extrañas como la que tienes ahora. Muy bien. Pues sácala de ahí en forma de estructura. ¿Cuál crees que fue la introducción? ¿Y el nudo? ¿Cómo terminó esa historia? ¿Estás, ahora que la rememoras, conforme con el resultado? ¿Hubieses preferido otro? ¿Cuál? ¿Puedes identificar, además, el tema?

Si a lo mejor, como suele pasar a algunos alumnos de los talleres, esta estructura te resulta demasiado sintética, déjame que te presente una evolución que tal vez pueda ayudarte a ordenar tus ideas. Estoy hablando de la pirámide de Freytag. Gustav Freytag fue un dramaturgo alemán del siglo XIX que, después de estudiar y analizar las obras griegas y el teatro de Shakespeare, llegó a esta conclusión:

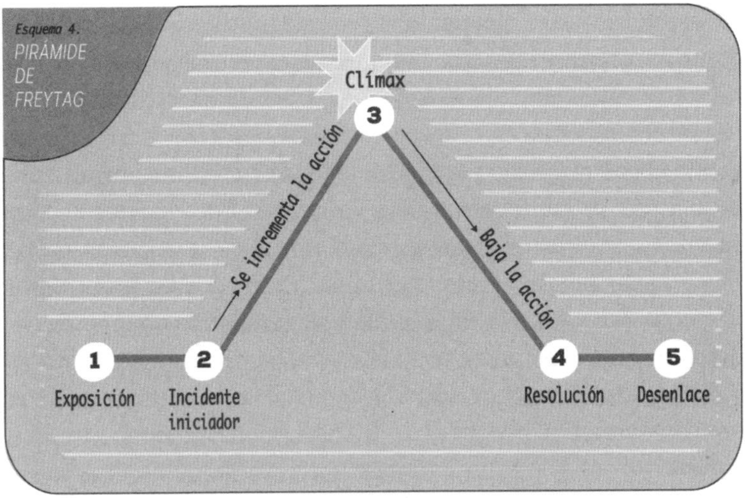

Como ves, es otra manera de sintetizar la estructura de introducción, nudo y desenlace; aquí, exposición, clímax y resolución, si bien Freytag introduce dos fases. Entre la exposición y el clímax existe un movimiento de acción ascendente, y, entre el clímax y la resolución, uno descendente que nos lleva al final de la historia. Piensa en una montaña rusa, que es una perfecta estructura narrativa. Existe una exposición, es decir, te subes al vagón, se baja la barra de seguridad y poco a poco se pone en marcha. Salvo excepciones, las montañas rusas no empiezan a máxima velocidad ni desde lo más alto. Lo normal es que, poco a poco, se vaya ascendiendo en un viaje que nos lleva de la prótasis a la epítasis, o de la exposición al clímax, mediante una acción ascendente, nunca mejor dicho. ¿El clímax? ¿Cuál es el punto culminante? Pues es ese momento en el que estás arriba del todo. No hay vuelta atrás, es un punto sin retorno. Empiezan los chillidos, incluso antes de que se acelere tu corazón gracias a una caída en picado. El momento álgido de la experiencia de la montaña rusa es ese momento de quietud,[13]

13 A propósito del clímax y de las montañas rusas y, a veces, de nuestras intenciones de alargar el clímax más de la cuenta, más de lo que le

de espera. Luego empieza la acción descendente, muy descendente y directa al abismo. Incluso, lo veremos cuando entremos en detalle en cada una de las partes de la estructura y sus funciones específicas, parece que todo va a acabar mal. No sé tú, pero en mi caso da igual las veces que haya estado subido a una montaña rusa, siempre pienso que esta vez la cosa va a salir mal. Siempre se me pasa por la cabeza que la rueda se va a salir del raíl. Algo va a fallar. Pero no falla y, entre gritos, chillidos y bocas muy abiertas, llegamos a la conclusión, al desenlace, que, como en toda historia, no se produce de golpe. No hay un frenazo y adiós. El vagón no se frena en seco. Hay una disminución progresiva, incluso puedes encontrarte con alguna subida y alguna bajada más, pero ya no son como las del clímax. Sabes perfectamente que la experiencia, el viaje en la montaña rusa está llegando a su fin, así que el vagón desacelera y, a su vez, tú también tienes el espacio emocional para desacelerar y regresar a tu normalidad. En este punto es necesario hacer hincapié en dos conceptos que no quiero que se pasen por alto. El primero es que decimos, por lo general, «un viaje» en montaña rusa. Y toda narración es un viaje. Empiezas de una manera y terminas de otra. Y la segunda es que todo viaje es regreso. Si no hay regreso, si no existe esa vuelta a la normalidad, no puede haber viaje, como mucho, puede haber mudanza. Cuando alguien se desplaza a vivir a otro país, no decimos que ha viajado. Sin regreso, no hay viaje. Sin vuelta a la normalidad, a lo cotidiano, no hay narración. Claro que el protagonista del viaje siempre vuelve transformado, porque en cualquier historia que merezca

Si no hay regreso, si no existe esa vuelta a la normalidad, no puede haber viaje, como mucho, puede haber mudanza.

---

es dado en relación con su función en la estructura, escribí un cuento para niños de todas las edades que aparece en *101 cuentos emocionantes*. Te invito a buscarlo y leerlo. Se titula «El señor Petrov se va de vacaciones a la montaña... rusa».

la pena ser contada ha habido una transformación. Recordemos, por ejemplo, a Frodo Bolsón en el *Señor de los Anillos*. Después de toda su aventura, después de su heroico periplo, regresa a la comarca. Eso sí, ya no es el mismo Frodo que partió. Se ha transformado, en realidad se ha transformado de tal manera que acaba por marcharse con los elfos. Y ahora ya no hablamos de viaje, hablamos de que se ha ido a vivir a otro mundo. El regreso es inherente al viaje. Esta idea queda muy bien reflejada en un precioso y verdadero poema de Gabriel Gamar (pseudónimo del poeta mexicano Gabriel García Márquez, que tuvo que buscar la manera de distanciarse del otro Gabriel García Márquez, el colombiano y premio Nobel):

> Viajar es marcharse de casa,
> es vestirse de loco
> diciendo todo y nada con una postal,
> Es dormir en otra cama,
> sentir que el tiempo es corto,
> viajar es regresar.

Ese regreso del que ahora estamos hablando tiene unas implicaciones importantes en relación con el tiempo de toda historia. ¿Cuál? Los límites. Una historia debe estar delimitada en un tiempo concreto. Un principio y un final. Sin tiempo no hay historia. Y eso es un problema, ya que vivimos acelerados, las prisas y la productividad nos empujan, sin espacio para poder reflexionar, reflexionarnos. Por eso hoy las historias brillan por su ausencia. Fíjate en las plataformas de contenidos audiovisuales como pueden ser Netflix, HBO, Disney+... Las series duran casi eternamente. No es la historia la que marca su final, sino la audiencia. No podemos detectar esa transformación de los personajes, pues la historia se convierte en una mera acumulación de acontecimientos. Esta idea la expone y desarrolla a la per-

Una historia debe estar delimitada en el tiempo. Sin tiempo no hay historia.

fección el filósofo Byung-Chul Han en *El aroma del tiempo*:[14] «La falta de una articulación fuerte del tiempo da lugar a la sensación de que transcurre con mayor rapidez que antes. Esta sensación se intensifica porque los acontecimientos se desprenden con rapidez los unos de los otros, sin dejar una marca profunda, sin llegar a convertirse en una experiencia. La falta de gravitación hace que las cosas solo se rocen superficialmente. Nada importa. Nada es decisivo. Nada es definitivo. No hay ningún corte. Cuando ya no es posible determinar qué tiene importancia, todo pierde importancia». En estos tiempos acelerados, no tenemos tiempo para crearnos nuestra propia historia y vivir su transformación. No sé tú, pero yo sí me veo haciendo un gran esfuerzo continuo para no dejarme aplastar por esa espiral de aceleración que me agota. Por eso, ser creadores de nuestras historias es imprescindible para tener una vida con significado. Han nos recuerda que «el tiempo comienza a tener aroma cuando adquiere una duración, cuando cobra una tensión narrativa o una tensión profunda, cuando gana en profundidad y amplitud, en espacio. El tiempo pierde el aroma cuando se despoja de cualquier estructura de sentido, de profundidad, cuando se atomiza o se aplana, se enflaquece o se acorta. Si se desprende totalmente del anclaje que le hace de sostén y de guía, queda abandonado. En cuanto pierde su soporte, se precipita».[15]

---

14 Si los textos introductorios de los libros deben servir para que nazcan en nosotros las ganas de entrar en ese universo que nos propone el autor, para mí, este es un excelente ejemplo: «Según Byung-Chul Han, no estamos ante una aceleración del tiempo, sino ante la atomización y dispersión temporal —a la que llama *disincronía*—. Cada instante es igual al otro y no existe ni un ritmo ni un rumbo que dé sentido a la vida. El tiempo se escapa porque nada concluye, y todo, incluido uno mismo, se experimenta como efímero y fugaz. La muerte es un instante más, lo cual invalida la vivencia de la muerte, en Nietzsche y Heidegger, por ejemplo, como consumación de una unidad con sentido».

15 Han, Byung-Chul, *El aroma del tiempo*, Barcelona, Herder, 2015.

Así pues, este epígrafe del libro puede ayudarnos a estructurar el tiempo de nuestras historias futuras y entender que las historias, a su vez, estructuran nuestro tiempo.

Antes de dar por agotado el tiempo de este capítulo, déjame hablarte de Kairós y Cronos. Dos maneras de entender el tiempo por parte de nuestros grandes maestros, los clásicos griegos, que consideraban que una cosa era el tiempo en términos de cantidad y acumulación, el tiempo que transcurre, Cronos, y otra el tiempo de calidad, Kairós. Te copio aquí la entrada de Wikipedia, en la que queda muy bien explicado:[16]

> *Kairós* (en griego antiguo καιρός, *kairós*) es un concepto de la filosofía griega que representa un lapso indeterminado en que algo importante sucede. Su significado literal es «momento adecuado u oportuno», y en la teología cristiana se lo asocia con el «tiempo de Dios». La principal diferencia con Cronos (en griego antiguo, κρόνος, *krónos*) es que, mientras Kairós es de naturaleza cualitativa, Cronos es cuantitativo. Como dios, Kairós era semidesconocido, mientras que Cronos era la divinidad por excelencia de la época. El término utilizado en la antigüedad varía en los diferentes textos y aparece con significados ligeramente distintos. Así, Hesíodo lo define como «todo lo que es mejor que algo», y Eurípides dice que es «el mejor guía en cualquier actividad humana». Por eso, no se pueden unificar todos sus usos y el significado exacto debe extraerse del contexto en el que se emplee. Ni siquiera es siempre asociado con el tiempo, pero sí con la eficiencia y aparentemente siempre juega un papel decisivo en las situaciones imprevisibles e inusuales. En ciertos contextos es empleado para nombrar esa condición necesaria para lograr el éxito en una empresa.

Vivir, pues, tiempo de calidad. Pero también, y tal vez más importante para lo que aquí nos compete, encontrar el momento justo, el tiempo preciso y precioso de actuación para

16 https://es.wikipedia.org/wiki/Kairós

nuestras historias. Todas tienen un momento concreto en el que tendrán más oportunidades de ser transcurridas, de que devengamos auténticos héroes o heroínas en esa historia. Sin tiempo no hay narración y, a su vez, cada narración tiene su tiempo justo de ejecución. Si dejamos atrás tanta palabra en griego y te pongo un ejemplo, seguro que también vale. Imagínate que te has decidido a pedir ese aumento en el trabajo y ya has superado algún que otro miedo para hablar con tu jefa y lo tienes claro. Has estructurado tu historia y estás dispuesto a vivirla, a explicarte y, claro, a contarte y conseguir el resultado deseado. Pues bien, esta historia tiene un Kairós, un momento adecuado para acercarte a los efectos que quieres que se produzcan. Si abordas a tu jefa después de una reunión en donde ella se ha sentido agobiada o, incluso, decepcionada por el equipo o el cliente... pues eso. No sería el Kairós correcto, por más que tu estructura y todo lo demás esté perfectamente definido. Y, así, todo.

Ahora, si quieres y tienes tiempo de calidad, te propongo un ejercicio interesante en el que descubrirás una fórmula que te servirá para poner orden a tus historias. Sean las que sean, creadas, inventadas o vividas.

EJERCICIO Érase una vez, todos los días...

Tanto la introducción, el nudo y el desenlace como la pirámide de Freytag pueden resumirse en este sencillísimo esquema a rellenar:

Érase una vez ____________, todos los días ____________ hasta que un día ______________. Y es por eso ______________ y es por eso ______________ y es por eso ______________ hasta que finalmente ______________.

Descubrí este esquema de la mano de Emma Coats, guionista de PIXAR, que compartió con el universo y con todas aquellas personas que quisieran escucharla las veintidós reglas para escribir un buen guion de cine. La cuarta regla es esta plantilla, y Coats nos invita a escribir nuestros argumentos, es decir, la historia a grandes rasgos, con su ayuda. Y, la verdad, es que es una gran herramienta, solamente deberás rellenar los huecos para tener una gran historia o para poner negro sobre blanco una historia que hayas vivido y, tal vez, quieras entender bajo esta nueva luz del storycoaching. Así que este es el ejercicio. Usa esta plantilla. Afila tu capacidad de estructurar las historias en introducción, nudo y desenlace. Familiarízate con ella, porque ahora entraremos en detalle en cada una de las partes, entendiendo sus funciones y particularidades.

Para no dejarte con la intriga, aquí tienes las veintiuna reglas que faltan. Además, como sucede con todo lo referente al arte de la creación de historias, estas reglas no solamente tienen una lectura literaria, sino también una aplicación.

1. **Haz que tus personajes trabajen.** Admiramos más a un personaje por lo que intenta que por lo que consigue. *Por tanto, y aquí está el giro hacia nosotros mismos, permítete intentar, fallar, insistir, persistir. Allí se esconde la grandeza de cualquier persona, de todo personaje.*

2. **Ponte en el lugar de la audiencia.** Debes tener en mente qué es interesante para ti como público, no lo que es divertido hacer como escritor... *Ni como persona. Debemos tener en cuenta lo que estamos diciendo a lo largo de las páginas de este libro; no estamos solos. El otro, los demás, están en sus propias historias. Esa visión nos debería llenar de sabiduría y compasión.*

3. **Busca el tema al final.** Tener un tema es importante, pero no verás de qué trata realmente la historia hasta que la termines. Cuando lo hagas, reescribe. *Y cuando descubras el tema de la historia que estás viviendo, puede que te cambie la perspectiva de aquello que estás queriendo vivir.*

4. **Usa la estructura universal.** Érase una vez ____________, todos los días ____________ hasta que un día ___________. Y es por eso ______________ y es por eso _________ y es por eso ________________________________ hasta que finalmente _____________.

5. **Simplifica y enfoca.** Combina personajes. Sáltate los desvíos. Sentirás que pierdes algunas cosas valiosas, pero te hará libre. *Y ese, desde mi punto de vista, es uno de los mejores consejos de todos. Los ingleses lo resumen bajo el acrónimo de KISS, «Keep it simple, stupid».*

6. **Desafía a tus personajes.** ¿En qué es bueno tu personaje? ¿Con qué se siente cómodo? Piensa en el polo opuesto y haz que lo desafíe. ¿Qué ocurre entonces? *Y, obviamente, la pregunta para nosotros es: ¿qué te ocurriría si decides desafiarte?*

7. **Empieza por el final.** Construye el final antes que el medio. Los finales son difíciles; conseguir el tuyo te dará ventaja. *O, dicho de otra manera, piensa en qué quieres conseguir, el final de tu historia, y dirígete a ella, ¡con todo!*

8. **Aprende a terminar.** Termina tu historia; déjala ir incluso si no es perfecta. En un mundo ideal tendrías ambas cosas, pero debes seguir adelante y hacerlo mejor la próxima vez. *Y, sin duda, el arte de terminar, la sabiduría del dejar ir para poder seguir es de vital importancia.*

9. **Aprende de lo que no quieres.** Cuando estés bloqueado, haz una lista de lo que NO debería suceder a continuación. Muchas veces el material para desatascarte aparecerá así. *Lo mismo para nuestras vidas, ¿no crees?*

10. **Analiza las historias que te gustan.** Lo que te gusta de ellas es una parte de ti; tienes que reconocerlo antes de poder usarlo. *Y es por eso por lo que hacemos los ejercicios, para ser conscientes, para llegar, de alguna manera, del reconocimiento exterior al conocimiento interior.*

11. **Escribe tus ideas.** Ponerlas sobre el papel te permite empezar a arreglarlas. Si las dejas en tu cabeza como ideas perfectas, nunca las compartirás con nadie. *¡Puro storycoaching!*

12. **Sorpréndete.** Descarta la primera cosa que venga a tu mente. Y la segunda, tercera, cuarta, quinta... *Aparta lo obvio de tu camino. O lo que es lo mismo, usemos la creatividad y el proceso creativo para, eso, ¡crear!*

13. **Haz que tus personajes tengan opiniones.** Un personaje pasivo/maleable puede resultarte agradable mientras lo escribes, pero es veneno para la audiencia. *Y para ti. Porque debemos tener pensamientos propios, ideas nuestras, una vida auténtica llena de propósito propio. ¿Recuerdas a Heidegger?*

14. **Busca el corazón de tu historia.** ¿Por qué debes contar ESTA historia? ¿Cuál es la creencia que arde dentro de tu historia y de la que se alimenta? Ahí se encuentra su corazón. *El tema. El propósito, de nuevo.*

15. **Sé honesto.** Si fueses tu personaje, en esta situación, ¿cómo te sentirías? La honestidad aporta credibilidad a situaciones increíbles. *Porque ser honesto con uno mismo es la casilla de salida, como mínimo, para crecer y aprender. ¿Qué he hecho bien? ¿Qué no? ¿En qué puedo mejorar?*

16. **Pon obstáculos.** ¿Cuáles son los riesgos? Danos una razón que guíe al personaje. ¿Qué ocurre si no tiene éxito? Haz que tenga muchas probabilidades en contra. *Una vez más nos encontramos con la máxima de que los obstáculos aparecen delante de nuestro camino para hacernos crecer. Son, de alguna manera, nuestros mejores aliados; nuestros más valiosos maestros.*

17. **No tengas miedo a equivocarte.** Ningún trabajo es una pérdida de tiempo. Si no funciona, déjalo ir y sigue adelante; volverá a serte útil después. *Es decir, lo que ya hemos visto que nos aconseja Julia Cameron en su* Camino del artista*: ¡atrévete a hacerlo mal!*

18. **Conócete a ti mismo.** Aprende la diferencia entre hacerlo lo mejor posible y preocuparte por detalles nimios. Escribir una historia es experimentar, no refinar. *Estar abiertos al devenir, a la aventura, a todo lo que nos puede ofrecer lo incierto, lo desconocido.*

19. **No hagas trampa.** Usar la casualidad para meter a tus personajes en problemas es algo bueno; usar la casualidad para sacarlos de ellos es hacer trampa. *Y, en nuestra vida, tampoco hagamos trampa. Ni busquemos atajos ni culpables donde no los hay. En nuestro caso, hacer trampas es no responsabilizarnos.*

20. **Analiza las historias que NO te gustan.** Un ejercicio: coge los componentes básicos de una película que no te guste y reorganízalos para convertirlos en lo que te gusta. *O, lo que es lo mismo y tal y como vamos viendo, reescribe aquellas historias tuyas, las personales que has vivido, y trata de escribir lo que sí te hubiera gustado vivir y cómo podrías haberlo conseguido. Eso te servirá para aprender en el presente y alcanzar tus metas en el futuro.*

21. **Identifícate con tu historia.** Tienes que identificarte con tus situaciones/personajes; no puedes limitarte a escribirlos. ¿Qué te haría actuar de esa forma? *Otra vez, la honestidad y el reconocimiento como base del conocimiento.*

22. **Busca la esencia.** ¿Cuál es la esencia de tu historia? ¿La forma más sencilla de definirla? Si sabes eso, puedes construirlo todo a partir de ahí. *Si tienes un propósito, y lo tienes escrito, manifestado negro sobre blanco, encontrarás, seguro, la manera. Nietzsche lo expresa con su célebre aforismo de quien tiene un porqué es capaz de enfrentarse a todos los cómo.*

INTRODUCCIÓN. EL MUNDO ORDINARIO Y LA APARICIÓN DEL ANTAGONISTA

¿Has disfrutado de las veintidós reglas? ¿Has tenido dificultades? Es posible, y, si ha sido así, no te preocupes, es normal y, probablemente, se debe a que aún no eres consciente de cómo funcionan cada una de las partes de la estructura. Empezamos, por supuesto, con la introducción, con la prótasis, la parte donde se exponen los elementos que van a configurar la historia y comienzan a ponerse en marcha.

En la introducción hay tres elementos principales; si seguimos la plantilla del ejercicio anterior, la de Emma Coats, te será muy sencillo identificarlos.

1. **Érase una vez.** Sin duda esta es la fórmula más popular, conocida y repetida del universo de los cuentos. Hay otras maneras de empezar y de captar la atención, pero lo importante es que hay un momento en el que quiero empezar y, a través de una introducción, separo el relato de todo lo que he estado diciendo o comentando anteriormente. Y sí, puede ser «Érase una vez», «Déjame que te cuente algo» o «No sabes qué me ocurrió»... Sea la fórmula que sea, este comienzo delimita el tiempo y el espacio del relato; empieza ahora y acabará cuando diga «fin». Ni antes ni después (recuerda la relación entre tiempo y narración). Pero hay más. Con el «Érase una vez» el cerebro del receptor se pone en sintonía. Es consciente de que va a escuchar una historia que es importante, en la que podrá aprender algo relevante acerca del mundo y de él mismo, de ella misma. Déjame que te recuerde la frase de Vargas Llosa en la que asegura que la literatura es una gran mentira que cuenta una gran verdad. Es decir, que sí, que el *Quijote* es mentira. Seguramente no hay en todo el libro un solo hecho que podamos llamar verdadero. Es una mentira

enorme y colosal que, sin embargo, nos cuenta inmensas verdades del ser humano... y de mí mismo. Y es justo por esta razón que se produce lo que se llama la suspensión de la incredulidad.[17] Me lo voy a creer. Me voy a creer que hay un tipo que se ha vuelto loco de tanto leer obras de caballería. No voy a poner en duda que hay una galaxia muy lejana donde existen *jedis* y robots especializados en protocolo, y, sin duda, estaré de acuerdo en que un lobo derrumba las casas de unos cerditos con sus soplidos. Suspendo la incredulidad a cambio de que me expliques algo interesante. Algo relevante y revelador. Algo que me haga aprender acerca de la condición humana. Cualquier cosa, pero «*make me care*». Eso sí, como no mantengas mi atención, activaré de nuevo mi incredulidad y se caerá toda la ilusión.

Esto no solo vale, como te imaginarás, para la ficción. Si, pon el caso, te decides a usar la plantilla del ejercicio anterior y empiezas diciendo, por ejemplo: «Voy a contarme una historia» o «Sucedió en el entierro de mi tía» u «Ocurrirá mañana mismo, cuando yo...», tu cerebro, todo tu ser, también se pondrá en disposición de abrir nuevas expectativas de futuro o aprendizajes del pasado. Y lo que es mejor, también se producirá esa suspensión de la incredulidad. Mi ser, en las historias que quiera contarme de futuro, no estará delimitado por esas creencias que me limitan. Si me planteo: «Érase una vez yo mismo que quería publicar

---

17 Expresión que usó por primera vez el poeta Samuel Taylor Coleridge, que la define de esta manera en su inclasificable y maravillosa *Biographia literaria*: «Esta idea dio origen al proyecto de Lyrical Ballads, en el cual se acordó que debería centrar mi trabajo en personas y personajes sobrenaturales, o al menos novelescos, transfiriendo no obstante a estas sombras de la imaginación, desde nuestra naturaleza interior, el suficiente interés humano como para lograr momentáneamente la voluntaria suspensión de la incredulidad que constituye la fe poética».

un libro acerca de una nueva visión del storytelling...», por ejemplo, al haber suspendido la incredulidad, empezaré a pensar que puede que sea posible. Que puede que salga bien la historia, que puedo conseguir el resultado esperado. Y convendrás conmigo que esta disposición y predisposición es una muy buena manera de empezar.

2. **Todos los días.** Si el «Érase una vez» establece el principio del relato y nos permite activar la magia de la suspensión de la incredulidad, el «Todos los días» nos permite entrar en la cotidianeidad tanto del protagonista como del mundo en el que habita. De esta manera, todos sabemos de qué hablamos y desde dónde hablamos. Esta normalidad no va a durar, eso lo sabemos en cuanto empezamos la historia. Esta normalidad se va a romper y se va a transformar, pero para ello necesitamos saber desde dónde se va a romper y desde dónde se va a transformar. Es el momento, por tanto, de conocer el mundo ordinario a partir del cual se va a mover el héroe o la heroína de la historia. Porque sí, va a vivir algo extraordinario y es justo por eso por lo que primero debemos partir de lo ordinario. Pura lógica. Pongamos un ejemplo. «Érase una vez tres cerditos que vivían con su madre en una pequeña casa». Hasta aquí. Catorce palabras bastan. No se trata de la extensión, sino de que tengamos el comienzo y establezcamos la cotidianeidad. Ya está. Ahora sabemos que esto es un cuento. Sabemos que se trata de tres cerditos y que viven con su madre. No nos hace falta más. Sí, podemos alargar cuanto queramos, extendernos en si eran felices bañándose en el barro o mordisqueando margaritas o que se iban de compras a un centro comercial porcino. Eso no cambiará la estructura, aquello que debe tener la historia sí o sí. Lo mismo sucede con la no ficción. Veamos.

«Déjame contarte una historia. Verás, yo trabajo en una agencia de publicidad. Y la verdad es que me gusta mi trabajo. Ideas, conceptos, clientes a los que sorprender, proyectos interesantes...».

Hasta aquí. Bien, me he extendido más de catorce palabras, pero la idea es la misma. Estoy contando (o contándome) algo y he establecido el principio y la cotidianeidad. Y se supone que, en breve, esta cotidianeidad va a romperse. Que esta normalidad del mundo ordinario, de mis «Todos los días», no va a durar lucho. Y así es porque hay un momento en el que llega...

3. **Hasta que un día.** Todas las partes de la estructura son importantes y cumplen con una función, pero el «Hasta que un día» es especialmente relevante, es donde la historia empieza a avanzar y, a su vez, comienza a romperse lo ordinario para dar paso a lo extraordinario. Es, sobre todo, donde aparece el antagonista. Y esto merece una explicación detallada.

   ¿Qué es un antagonista? Pues sí, es Joker para Batman. Es Moriarty para Sherlock Holmes. Es el lobo para Caperucita Roja. Sí, un antagonista es esto y es mucho más. Para descubrirlo, acompáñame a su etimología y desvelemos su significado primordial. *Antagonista* viene del griego *antagonistés*, una palabra compuesta por el prefijo *antí*, 'opuesto', y *agonistés*, 'luchador' o 'jugador'. Por tanto, antagonista es el que lucha contra alguien. O lo que lucha contra alguien, por lo general, contra el protagonista, cuyo significado etimológico es 'luchador principal'. Tiene sentido, ¿verdad? Tenemos a un luchador (o luchadora, por supuesto) principal y a algo o a alguien contra quien va a luchar, o sea, su antagonista. Este último puede ser una persona, pero también una circunstancia, un desafío... incluso una emoción que no se permite. Cualquier cosa contra la que tenga que luchar el protagonista, el luchador principal. ¿Sí? Pongamos un ejemplo. ¿Has visto *Buscando a Nemo*? Si no la has visto, hazte un favor, ¡mírala hoy mismo! Es una película maravillosa, llena de ternura y con una estructura perfecta en términos de storytelling; paradigmática, me atrevería a decir. El caso es que, en la primera parte, la prótasis, te presentan el «Érase una vez», en este caso una comunidad de peces y seres marinos que viven en un arrecife de coral. Ahí vemos también a Nemo y a su padre, Marlin, el verdadero protagonista, ya que la película se titula *Buscando a Nemo*, lo que significa que quien busca es el sujeto de la acción, no el buscado. Pero el caso es que, una vez presentado el contexto, te muestran el día a día de los que van a ser los personajes de la historia, te enseñan cómo es la relación entre Marlin y Nemo. Una relación basada en la sobreprotección, concretamente de cómo Marlin sobreprotege a su hijo Nemo. Ese es su «Todos los días». ¿Cuándo aparece el antagonista? ¿Cuándo entramos en el «Hasta que un día...»? Cuando se llevan a Nemo a la otra punta del océano. Y ese es el antagonista de Marlin. El océano. O, mejor dicho, la distancia. Contra lo que debe luchar Marlin, nuestro luchador principal, es la distancia. Lo que se opone a él, el antagonista, es la inmensidad del mar. Para un padre sobreprotector que no deja espacio para que su hijo crezca, qué antagonista más retador que la distancia, en este caso de una forma tan literal como poética. La vastedad del océano. Aquí, en este momento, termina la exposición de los acontecimientos. Aquí se ha puesto en marcha la historia. Es aquí donde termina la primera parte, la prótasis. La introducción. Y tenemos

Tenemos a un luchador o luchadora principal y a algo o a alguien contra quien va a luchar, o sea, su antagonista.

todos, todos los elementos. Incluso la maravillosa suspensión de la incredulidad. Parémonos en este punto.

Si has visto la película, sabrás que antes de la propia introducción hay una escena donde una barracuda se come todos los huevos que ha puesto una señora pez payaso. Todos excepto un pequeño huevo que Marlin, llorando, acoge con ternura entre sus aletas y al que le dice que él le va a proteger. Esta escena, según confiesan los propios creadores, no estaba ahí en los primeros montajes. Sin embargo, si no explicaban esta circunstancia una vez arrancada la historia, el público no entendía la actitud sobreprotectora de Marlin, provocando que cayese mal. Ya sabes, tendemos a que nos caiga mal aquello que no comprendemos. Así que decidieron explicarte la historia de cómo Marlin se convirtió en un padre insoportablemente asfixiante para su hijo. Trucos de cine. Aquí lo importante es que nosotros, quienes estamos disfrutando de este fantástico storytelling, suspendemos nuestra incredulidad. Aceptamos que esos peces payaso existen, hablan y tienen emociones, sentimientos, deseos y necesidades. Además, entendemos que en ese arrecife de coral no rigen las leyes del reino natural. Si buceas por internet, verás una buena cantidad de titulares parecidos a este aparecido en Gizmodo: «Si *Buscando a Nemo* fuera realista, el padre de Nemo habría cambiado de sexo y se habría apareado con su hijo después de la muerte de su madre».[18] Porque parece ser que así se comporta esta especie. Pero no nos importa. Porque eso no nos cuenta nada de nosotros, del mundo, de la vida que estamos viviendo. Importará, lógicamente, a un biólogo marino o lo que sea... pero a nosotros nos importa ese Marlin sobreprotector que deberá enfren-

---

18 https://es.gizmodo.com/si-buscando-a-nemo-fuera-realista-el-padre-de-nemo-hab-1831764117.

tarse a su antagonista, lo que, seguro, lo llevará hasta el límite de sus capacidades y, sin ningún género de duda, muy, pero que muy lejos de su zona de confort.

«Muy bien, pero qué hay de lo mío», puede que estés pensando ahora. «¿Cómo uso todo esto en beneficio de mis propias historias?». De la misma manera que si escribieras una historia de ficción, por supuesto. Me explico. Cuando estés viviendo una historia en tu vida, cuando quieras, incluso, vivirla y ponerte en marcha, piensa desde este marco de referencia. Es decir, seguramente no te costará establecer el día a día, tu propio «Érase una vez» cotidiano. Pero es posible que no te resulte tan sencillo determinar el antagonista, contra quién vas a tener que luchar, contra quién vas a tener que dar lo mejor de ti. Y desafiarte. Retarte. Situarte fuera de la zona de confort. Imagínate, vamos a poner un ejemplo típico y sencillo: quieres cambiar de trabajo. Perfecto. «Érase una vez una persona que trabaja en esto o en lo otro y que cada día hace estas cosas y estas otras». Muy bien. Un día decide cambiar de trabajo para... ¿qué? Piensa. ¿Qué es lo que quieres conseguir con ese cambio? ¿Qué es aquello que te reta? ¿El propio cambio? ¿Salir de la comodidad de una rutina más o menos controlada? ¿Más dinero? ¿Mejores oportunidades? ¿Escapar de un jefe a quien no soportas y no respetas? Es posible que no encuentres o no sepas ni qué hacer ni para qué quieres cambiar. Por tanto, tu desafío, aquello contra lo que debes luchar, es tu propia indefinición de lo que deseas hacer, aquello a lo que quieres dedicar tu vida. Incluso puede que quieras irte del trabajo, pero, pongamos, tu madre es la propietaria de la empresa y temes que eso provoque un cisma familiar, pues tu relación con ella no es la que desearías... ¿Ves? Aquí la relación con tu madre es tu antagonista. Hay tantos ejemplos como vidas, pero, si eres consciente de tu antagonista, sabrás a qué te enfrentas y entonces serás capaz de enfrentarte, de pensar la manera en la que superarlo. Al mismo tiempo, al estar dispuesto a luchar, ya tendrás una introducción completa, una prótasis preparada para pasar al segundo acto, al nudo. Muchas veces queremos y queremos y deseamos y deseamos algo, y, sin embargo, nos vemos atrapados en una introducción eterna, con la sensación (y la certeza) de que por más que pensemos en ello no acabamos de avanzar en la historia. Pues bien, seguramente se debe a que no sabes a qué desafío te estás enfrentando. Contra qué o quién debes luchar. ¿No es este el caso de muchos matrimonios que siguen y siguen a pesar de que una (o dos) partes de la pareja quieren separarse? Muchas veces es porque ninguno sabe quién es el antagonista. Si su propia pareja. Si el miedo a la soledad. Si algún tipo de sentimiento de vergüenza o fracaso social... Supongo que, a estas alturas, con estos ejemplos más o menos acertados, ya te has hecho una idea de la importancia de tener una buena introducción.

EJERCICIO Identificando antagonistas

En este ejercicio deberás hacer memoria, una vez más recordar (es decir, volver a pasar por el corazón), aunque desde la perspectiva del storycoaching. Piensa en alguna historia significativa de tu vida. Seguramente esta que te está viniendo a la cabeza es suficientemente significativa como para empezar. Bien, ¿puedes detectar al antagonista? ¿Puedes escribir de qué antagonista se trataba? ¿Sabrías identificar, ahora, el desafío que representó para ti en ese momento? Es más, desde esta distancia desde la que estás recordando esa historia, ¿dirías que supiste identificar al antagonista? ¿Te confundiste? ¿Pensabas que la historia te estaba desafiando en un aspecto y en realidad era en otro? ¿Tuvo esto efectos en el resultado de la historia?

Este ejercicio puedes hacerlo, de igual manera, con una historia que aún no haya finalizado. Que aún esté por terminar o en la que aún te sientas atrapado en una introducción interminable. En ese caso es muy posible que, o bien estés esquivando al antagonista, o bien aún no haya aparecido... Pregúntate por qué y escríbelo, y escríbete.

NUDO. LOS OBSTÁCULOS QUE NOS AYUDAN A AVANZAR

De cualquier historia, sin duda, la introducción es la parte más tranquila o reposada, la única en la que podemos vivir o captar cierta armonía, sobre todo en ese «Érase una vez», «Todos los días...». La situación nos parece casi ideal. Y digo casi porque no lo es o, como mínimo, pronto lo dejará de ser. Algo o alguien va a venir a romper la armonía. Tal vez por un peligro que amenaza, por una situación inesperada, por un enemigo que vuelve de las profundidades del tiempo. Es decir, que solo hay una apariencia de armonía, porque, sin embargo, las fuerzas del cambio y de la transformación ya hace tiempo que operan. Todo es cambio y en el cambio vivimos. Todo es movimiento y en el movimiento avanzamos. Y en ese avanzar el desequilibrio es fundamental. En las historias también.

¿No has pensado nunca cómo andas, la manera en la que tu cuerpo avanza? Por lo general, cuando estamos de pie, inmóviles, estamos equilibrados. En este estado, salvo excepciones, es complicado caer, tropezar o avanzar. Es cuando das un paso, cuando levantas un pie, que empiezas a moverte, a ir hacia tu objetivo, sea el que sea. En ese momento, con un pie en el aire y otro en el suelo, tu equilibrio se ha roto, tu estabilidad se ha visto quebrada. Todo tú eres más vulnerable que cuando permanecías en la quietud. Ahora es posible la caída, la pérdida de la verticalidad. Ya no estás en

Todo es movimiento y en el movimiento avanzamos. Y en ese avanzar el desequilibrio es fundamental. En las historias también.

equilibrio, sino suspendido en el espacio, desplazando tu peso, avanzando. El desequilibrio es avanzar. El equilibrio es quietud. Dicen los teólogos que Dios no se mueve. ¿Cómo iba a hacerlo? Moverse es propio de seres que no están completos, que necesitan algo o a alguien, y, por ello, se acercan, se desplazan. En el movimiento hay una carencia, una necesidad no cubierta. Por eso nos movemos, por eso avanzamos, para completarnos. Y eso es imposible de realizar sin desequilibrio, sin perder, ni que sea paso a paso, la armonía. Yo siempre he sido más de Heráclito que de Parménides, así que pienso, como el filósofo apodado el Oscuro, que la vida es una tensión entre contrarios. Un ir y venir entre el equilibrio y el desequilibrio. Entre la estabilidad y la inestabilidad. Entre el sueño y la vigilia. Entre el invierno y la primavera. Entre estar quieto y estar avanzando.

Si he decidido pararme un momento a ver el paisaje de estas reflexiones es porque en el nudo es donde aparecen las complicaciones. El nudo son dificultades. Desafíos. Luchas (sobre todo con uno mismo, con una misma). Por lo tanto, es bastante común que nazca en nuestro interior el rechazo a la aventura, el querer quedarse en esa falsa sensación de seguridad, armonía y equilibrio. Falsa porque ya has visto que, a pesar de los esfuerzos que podamos hacer o de las resistencias que podamos tener, en nuestro interior las fuerzas del cambio ya se han puesto en funcionamiento. No sé a ti, pero a mí me pasa incluso en las películas que empiezo a ver. Me viene a la cabeza un ejemplo bastante paradigmático. Cuando vi *La comunidad del anillo*, de Peter Jackson, la primera parte de la trilogía *El Señor de los Anillos*, me invadió en la introducción un profundo sentimiento de tristeza. Porque los veía ahí, a todos los *hobbits* de celebración, tan inocentes, tan felices, tan en esa arcadia feliz, que no podía más que pensar en que todo se iba a romper, que esa cotidianeidad estaba llegando a su final. Pero, claro, también me dije que, si no se rompe la aparente felicidad, no habrá película, en este caso tres largometrajes. Así que aparté esas ganas de vivir eternamente en la introducción y me dispuse a acompañar a Frodo en el larguísimo viaje que tenía por delante. Un camino, sí, lleno de dificultades, de desafíos, de heroicidades, de ponerse al límite de sí mismo, de ir más allá y, por tanto, de vivir una gran aventura. En resumen, debemos ser capaces de dar el salto, de abandonar la introducción, dejar ir la armonía y saltar al nudo, que empieza con «Y es por eso...». Y continúa con otro «Y es por eso...» y otro y otro y todos los que hagan falta, dependerá de la duración de la historia.

Antes de seguir, ¿para qué sirve el nudo de una historia? Básicamente sirve para el desarrollo del protagonista. Nadie puede salir del nudo de la misma manera que ha entrado. Si es así, no ha habido transformación. Si es así, no estamos ante lo que llamamos una historia. Hace algunas páginas hablábamos de que la estructura de una historia se parece a un abrazo. Con su introducción, su nudo (un nudo hecho con los brazos) y su desenlace. Pues bien, tú sabes que, cuando damos un abrazo de verdad, no salimos de él de la misma manera, sino transformados, conmovidos. Si no es así, puede que estemos ante un achuchón, pero no ante un abrazo. En el nudo sucede lo mismo. Su función es transformar al héroe o a la heroína que está viviendo esa historia. Y es por eso que todos esos acontecimientos que van a suceder no son simples cosas que pasan, sino que sirven para algo. Son complicaciones progresivas que irán transformando al protagonista para que llegue hasta el final de la historia. Podemos visualizarlo de esta manera:

Esquema 5.
EL PUNTO SIN RETORNO

La lectura es de izquierda a derecha. Cada rectángulo correspondería a un «y es por eso...», a una de las cosas que va a ir sucediendo desde que el protagonista ha salido de su mundo ordinario. Y cada uno de los «y es por eso...» va creciendo en altura e intensidad; las cosas se van complicando. Cada uno de estos rectángulos son desafíos a los que tendrás que hacer frente si lo que estás viviendo es una historia realmente transformadora. Tú o Frodo, da igual, os transformaréis de la misma manera. Cualquiera que decida ir a por ello, salir de la zona de confort, de la celebración de los *hobbits*, sabe que las cosas se van a ir complicando y lo harán de forma progresiva. Es importante este concepto de progresivo, un punto que saben perfectamente en Hollywood... y más allá. Los sucesos se van complicando poco a poco, no surge una situación insalvable a las primeras de cambio. No. Todo es un proceso. En nuestras historias también. Después de la aparición del antagonista, de que surja ese reto que nos va a convertir en luchadores principales, las luchas, los adversarios a los que tendremos que hacer frente, irán creciendo en complejidad. Eso está bien, si lo piensas. La historia nos da un espacio para ir aprendiendo, para ir adquiriendo competencias, herramientas o capacidades en cada una de esas complicaciones. Cada uno de los «y es por eso...» es una oportunidad. Cada uno de los rectángulos con los que hemos visualizado la estructura del nudo sirve de espejo, son reflejos. ¿De qué? Del progreso del protagonista. En ninguna historia las cosas pasan porque sí. Las cosas deben pasar por alguna razón. Si tenemos ante nosotros una dificultad, es para algo. O, si esto no te convence, piensa que de todo obstáculo puedes aprender algo. Hay algo poderoso en la etimología de *obstáculo*, ya que deriva del verbo *stare*, cuyo significado es 'estar de pie', 'lo que se planta ahí'. Un obstáculo es lo que está en mi camino y me impide avan-

Tras la aparición del antagonista, las luchas, los adversarios a los que tendremos que hacer frente, irán creciendo en complejidad.

zar a no ser que lo sortee, lo esquive, lo venza... Los obstáculos nos ayudan a avanzar. Sin obstáculos no hay progreso, al igual que sin desequilibrio no podemos dar un paso. Así que una buena manera de crecer con los obstáculos es pensar que si están en mitad del camino es para que tengamos la oportunidad de crecer, progresar y transformarnos.

Hay una vieja disputa, del todo irresoluble, entre dos tipos de concepciones de la vida. Por un lado, aquellos que piensan que la vida es una sucesión constante de acontecimientos; por el otro, los que creen que la vida es eso, pero con una finalidad. Es decir, unos creen que las cosas pasan, una detrás de la otra y otra detrás de la una, y te mueres y no hay ningún plan de ninguna inteligencia superior ni de ningún dios. O bien, pasa esto, pasa lo otro y lo de más allá y hay, ahí, precisamente en el más allá, Dios que tiene un plan para ti. Un plan, por descontado, que tú no conoces, pero que Dios sí y te arrastra a través de esos acontecimientos para que alcances tu destino. Es decir, hay un propósito, un para qué, una razón por la que te pasan todas las cosas que te pasan y te van a pasar, y Dios las conoce y hace avanzar la historia de tu vida y, junto a la tuya, la historia de toda la humanidad. A esto se le llama *teleología*, lo que no deja de significar lo que acabamos de explicar, es decir, existe una fuerza, una inteligencia superior a la nuestra, ubicada en el final de los tiempos, que nos arrastra a una culminación. Sean cuales sean nuestras creencias y posicionamientos tanto religiosos como filosóficos, en los talleres de storytelling siempre remarcamos la importancia teleológica del creador o de la creadora (a Dios se le llama *el Creador*, ¿verdad?). Porque nosotros, nosotras, cuando estamos escribiendo o escribiéndonos, debemos tener un posicionamiento teleológico de la historia. Las cosas no acaecen sin razón o motivo. Todo lo que ocurra, pongamos, en una historia de ficción, debe estar dirigido hacia un final. Debe tener un sentido. Todos los «y es por eso», todas las dificultades y obstáculos deben acompañar al protagonista hasta un final de la historia, deben servir para que haga un viaje, para que se muestre y demuestre una transformación. Más adelante veremos cómo avanza esta relación entre la transformación del protagonista y las cosas que pasan, por el momento es importante que te quedes con esta idea: todo lo que ocurre, ocurre para algo. Como decía el maestro Jodorowsky,[19] todo es para bien, aunque a veces no podamos verlo o no seamos capaces de entenderlo.

¿Cuál es el punto final del nudo? Si la introducción finalizaba con la aparición del antagonista, ¿dónde podemos encontrar la transición del segundo al tercer acto? En el punto sin retorno.

Las cosas se han ido complicando y, aun así, has ido avanzando, pero hay un momento en el que la complicación es de tal calibre, el obstáculo de tal magnitud, que pensamos que la historia acabará mal. El protagonista está al límite de sus fuerzas, de su resistencia, de su poder. Sí, es cierto que ha llegado (o has llegado) hasta aquí, pero a partir de aquí... es el clímax. El punto más álgido de la acción. Es ese instante en la montaña rusa en el que crees que la atracción no es divertida, que a esa altura y con esa inclinación los vagones van a salirse de sus raíles. En el punto sin retorno de una historia de ficción, no solo el protagonista está viviendo su peor momento, también el espectador está sin esperanzas, temiendo lo peor. Una imagen muy bonita para entender a la perfección el punto sin retorno es la de cruzar un río. El punto sin retorno es ese momento en el que piensas que te faltarán las fuerzas para alcanzar la otra orilla, pero no puedes volver atrás porque estás tan en mitad del cauce que sabes que no puedes dar media vuelta. Te fallan las fuerzas. No puedes ni avanzar ni retroceder. Ese es el punto sin retorno y en cualquier proceso de transformación aparece este

---

19 Si te interesa sumergirte e indagar acerca de los actos poéticos, de cómo usar y provocar acontecimientos como base de la transformación, te recomiendo al controvertido Alejandro Jodorowsky y su libro *Psicomagia*.

momento crucial. Piénsalo. Ya no puedes volver a ser quien eras, pero no estás seguro de poder alcanzar la otra orilla de quien quieres llegar a ser. Tu convicción se resquebraja. Aparece un obstáculo que dudas poder superar. Por muchos motivos... Pero ten en cuenta que el punto sin retorno no es el final de la historia, es un punto más, simplemente uno más.

EJERCICIO Tus obstáculos, tus maestros

De la misma manera que en la introducción has recordado una historia significativa para ti y has podido descubrir al antagonista, aquí deberás desglosar los obstáculos. ¿A qué dificultades tuviste que enfrentarte? ¿Qué aprendiste de ellas? ¿Fueron estos obstáculos tus maestros? Habiendo puesto luz ahora sobre ellos, ¿piensas que pueden enseñarte algo? Del mismo modo, ¿puedes detectar el punto sin retorno? Es más, escribe momentos en los que hayas podido sentir que te encontrabas en esa parte del río en la que ya no podías dar media vuelta ni sentías fuerzas suficientes para seguir avanzando. ¿Qué pasó? ¿De dónde sacaste las fuerzas? ¿De dónde te llegó o dónde encontraste la inspiración para seguir? Además, puedes jugar a detectar estas partes que ahora ya vas interiorizando en películas, en series, en libros... Puede que a tu pareja le moleste que estés diciendo todo el rato: «Mira, aquí el punto sin retorno», «Aquí empieza el segundo acto» o «¡Uy! Ya está el antagonista», pero te servirá para conseguir esa maestría, para ser un creador de historias, una creadora de posibilidades. Y, ya que estamos, verás que en los ejercicios estoy tirando mucho de tus recuerdos. Que si recuerdas esto o lo otro... Creo mucho en esta frase del filósofo danés Søren Kierkegaard: «Recuerdo y repetición son el mismo tipo de movimiento, uno hacia atrás y otro hacia delante». Así que al recordar de alguna manera repetimos y al repetir también recordamos. Es así como nuestros recuerdos se pueden convertir en nuestros mejores maestros, en fuentes de inspiración y aprendizaje.

DESENLACE. EL FINAL EMOCIONAL

Dificultades, obstáculos, retos y desafíos por los que el protagonista, la heroína y tú mismo avanzáis por el nudo. Transformándoos, cambiándoos y acercándoos paso a paso a vuestro destino a través de complicaciones progresivas. Y así, cada prueba superada nos servirá para dar ese paso, propiamente dicho, hacia el final de la transformación. Cada logro, entonces, nos da energía, conocimientos y valor para afrontar el siguiente obstáculo. Así hasta el punto sin retorno, el punto álgido de las dificultades, el momento definitorio. Porque punto sin retorno significa eso, que ya no se puede volver atrás, como en el ejemplo de cruzar el río, donde dudamos, donde no nos vemos capaces. Cosa que no significa que no haya solución, de lo contrario se llamaría *punto irresoluble*.

Piensa en cualquier historia que te guste o que, por un motivo u otro, te venga con más asiduidad a la cabeza, al corazón; a la memoria. Detecta el punto sin retorno. Ese momento en el que no solamente el protagonista está viviendo su peor momento, sino que tú también lo estás viviendo y sufres pensando que la historia acabará ahí de la peor manera posible y sin más... Seguramente en ese apogeo[20] de la historia el protagonista necesitará hacer acopio de todos sus recursos, sobre todo de los que ha ido adquiriendo en cada uno de los obstáculos que ha ido superando. Por supuesto, a ti te va a ocurrir lo mismo cuando te encuentres en el punto álgido, en esa fase tan alejada de la tranquilidad del mundo ordinario que veíamos en la introducción. Deberás usar esas nuevas armas que

---

20 Seguro que a estas alturas ya has olfateado que aquí, en la palabra *apogeo*, se encierra algún tesoro etimológico... ¡Exacto! *Apogeo* literalmente significa 'lejos del planeta Tierra'. Si recuerdas la pirámide de Freytag o los rectángulos que mostraban las complicaciones progresivas, en el punto sin retorno nos encontramos ahí arriba, lejos del centro, de la calma y de la tranquilidad desde donde partía la historia cuando aún nos encontrábamos en el mundo ordinario.

tienes, esos nuevos recursos que has ido adquiriendo, para esa batalla definitoria, que no definitiva. Y digo definitoria porque ahora sí que se va a definir el paso del nudo al desenlace. De cómo salgas del punto sin retorno va a depender el resultado de la historia. Es clave. Por eso mismo es necesario que hagamos hincapié en una idea que subyace en el concepto mismo del storycoaching, es decir, como ya has leído, somos historias. Somos historias de pasado, presente y futuro. Rememoramos el pasado a través de las narrativas que nos contamos a nosotros mismos, se ajusten más o menos a la fría precisión de los acontecimientos. ¿Acaso no nos ha pasado que alguien cuenta una situación en la que estuvimos implicados y decimos que esto no fue así, que las cosas no fueron como nos las están contando? Pues eso. Cada uno se cuenta las cosas según sus propias historias. También somos historias de presente y de futuro. Lo que me cuento hoy de mí mismo y, ya sabes, lo que me quiero contar... lo que quiero vivir. Pues bien, estas historias, sobre todo las que nos orientan e impulsan hacia el futuro, van a tener unos resultados concretos. Y pueden ser positivos o negativos, eso dependerá de ti, de lo que quieras conseguir. Veamos un ejemplo. Porque si quieres empezar una relación seria con alguien con quien no acabas de atreverte a hablar y te lanzas y te propones vivir esa historia, está claro que puede acabar bien o mal para ti. Si consigues que la otra persona acepte y se sienta atraída por ti, el resultado será positivo. Si te dice que no, pues... eso. Incluso cuando no hay resultado es un resultado. Lo mismo si quieres montar tu propia empresa o si te armas de valor (qué bonita expresión, ¿verdad?, el valor como la única arma que merece la pena ser empuñada) para exigirle a tu jefe que te trate con más respeto en la próxima reunión... En estas historias existen unos resultados y, si diseñamos bien toda la línea del storyte-

Somos historias de pasado, presente y futuro. Rememoramos el pasado a través de las narrativas que nos contamos a nosotros mismos.

lling, si entendemos a la perfección en qué punto me encuentro y qué se pide de mí en cada parte, tendré más posibilidades de que los resultados se ajusten a mis expectativas. Para terminar con este «hincapié» que te decía, de vital importancia, no olvides que las historias son productivas. Si cuando tratábamos las palabras vimos que el lenguaje es generativo y no meramente descriptivo, lo mismo ocurre con las historias, que tienen una incidencia brutal ya no solo en las cosas que pasan, sino incluso en la economía global.[21]

Pues bien, estos resultados de los que ahora estoy hablando dependerán en buena medida de este paso del punto sin retorno al desenlace. Porque el final resultará de este último obstáculo superado o no... De si hemos sabido acceder a toda la sabiduría adquirida por el camino de nuestra historia. De si, cuando parecía todo perdido, no nos dimos por vencidos y confiamos que detrás del punto sin retorno se escondía el amanecer de un final feliz, como los cuentos que más nos gustan. Todo pende de ese hilo que nos conecta a nosotros mismos y del que podemos tirar, como Teseo, para encaminarnos hacia la salida del laberinto. Hacia el desenlace. ¡Desenlace! Una vez más la palabra no brinda las pistas que necesitamos.

Recuperemos la imagen del abrazo. Ese desanudarse del otro y salir de ese contacto transformado de alguna manera. Conmovido de alguna forma. Ahí tienes todo lo que se debe producir en la fase del desenlace. Ya no estás en lo más álgido, en el cénit de la acción, en el epicentro de la historia. Ahora la acción se desacelera. La montaña rusa ya no nos

---

21 Si quieres ahondar sobre este tema, te recomiendo el libro *Narrativas económicas*, del premio Nobel de Economía Robert Shiller: «Desde antes de que existiera la idea de viralidad, las historias que la gente se contaba sobre sus experiencias o los rumores que había oído han transformado los mercados y la economía. Muchas veces, los pánicos, las burbujas inmobiliarias, los precios de las acciones o el futuro de nuevos fenómenos como el bitcóin han dependido de lo que una persona le contaba a otra: son las narrativas económicas».

hace chillar como antes ni tenemos enfrente el obstáculo que nos define. No. En el desenlace la acción se desacelera. Estamos evaluando los resultados, sabemos que la orilla está ya muy cerca y casi la podemos tocar. Cierto, aún no hemos llegado, pero sabemos que vamos a llegar. Cansados, fatigados, espléndidos, pero llegaremos. Tal vez habremos perdido cosas por el camino, puede que la corriente nos haya despojado de parte de nuestro equipaje. Hay tantas posibilidades como historias vividas. Lo importante, sin embargo, es que seas consciente de que estás entrando en el desenlace. En el final de esta historia en concreto que tendrá unos resultados también concretos. ¡Cuidado! Solo es el final de esta historia. No de la vida. Y esto son excelentes noticias. Porque sea cual sea el resultado final de la historia que has vivido, puedes aprender de ella, sacar conclusiones, nuevos recursos y herramientas. Puedes volver a la carga y empezar una nueva historia que hable, por qué no, de insistencia. De no darse por vencido. De perseverancia y resiliencia. Las historias que eres capaz de crear son infinitas e ilimitadas. Depende, sé que lo sabes, de lo que estés dispuesto a creer en ti.

Las historias que eres capaz de crear son infinitas e ilimitadas.

Pero sigamos, por ahora, poniendo el acento en la historia concreta, en el desenlace de una historia. ¿Cuál es su función principal? Pues bien, el final de una historia la hace memorable, es decir, según la RAE, «digno de memoria». O sea, que ha valido la pena. Que todo lo vivido ha estado a la altura de lo esperado. Eso no quiere decir que, si el resultado no coincide con lo que yo quería, la historia dejará de tener valor. Ni mucho menos. Lo que quiere decir es que todo el viaje te ha servido para algo. Que todo lo vivido te ha transformado. Que no sales de la línea histórica de la misma manera en la que entraste. Eso desde el punto de vista del protagonista. Desde el punto de vista del espectador, del oyente, del que simplemente es testigo de esa historia, debe haberse conmovido. Es decir, debe haber pasado de una emoción a otra. Pongo un ejemplo. Tú me quieres contar una historia, la que sea. Puede ser una que has inventado y cuyo propósito es compartir conmigo algún valor moral, ético o de comportamiento. O quieres, por qué no, venderme algo o pedirme ayuda. Da igual. Si usas las técnicas básicas del storytelling, pondrás en juego el «*make me care*». Me contarás la historia de por qué yo debería invertir en tu nueva *start-up*, y lo harás de manera que me importe. Luego trazarás el recorrido con su introducción, nudo y desenlace. Y al final, si tu storytelling ha funcionado, saldré conmovido. Habré pasado de unas emociones a otras. Tal vez yo haya entrado en tu historia desde la emoción de la impaciencia, del aburrimiento o de la urgencia, pero si tu storytelling ha funcionado deberé salir con alguna de las emociones que tú creas que me servirán para ponerme en marcha de la manera que tú crees que me vincularán a tu proyecto. Puede que sea la emoción del interés, de la simpatía, de la lealtad... Según tus planes. Si se ha producido ese viaje emocional, la historia habrá cumplido con su cometido. Si no, si salgo como he entrado o, incluso, emocionalmente más alejado de tus objetivos, entonces tu historia no ha funcionado. ¡Cuántas veces nos ha sucedido! ¡Cuántas veces hemos querido hablar para arreglar un malentendido y hemos terminado peor, más distanciados, más enfrentados!

Si se ha producido ese viaje emocional, la historia habrá cumplido con su cometido.

Importante: hay un doble viaje. Las historias son un viaje. El espectador, sí. Pero el protagonista también hace su propio viaje. Y, como cualquier viaje, debe merecer la pena. Ese es el gran secreto del arte de terminar. El viaje como transformación. Al darnos cuenta de esa transformación, emergen esas emociones que lo transforman, a su vez, todo. Pongamos un ejemplo popular que ya ha salido, pero que me sirve para enseñarte una fotografía concreta de todo lo que acabo de escribir. El final de *Buscando a Nemo*.

Melvin y Nemo se encuentran. El pequeño pez payaso está a salvo, ya pueden regresar a su arrecife de coral. ¿Fin? No. Ni mucho menos. Ese puede que sea el final de los acontecimientos, de la acción que los ha llevado desde la introducción hasta el casi, casi desenlace. Aún falta una escena relevante y poderosa, seguramente de las más relevantes y poderosas de toda la película. Estoy hablando de cuando Dory (el extraordinario personaje con memoria de pez, inolvidable), Nemo y el propio Melvin están regresando a casa. En ese momento, por sorpresa y a traición, una red atrapa a la pobre Dory. Fíjate en qué ocurre y cómo. Nemo, obviamente, no duda en ir a ayudar a su amiga. Digo obviamente porque Nemo es así, un joven que quiere demostrar al mundo, a su padre y a sí mismo que es capaz de hacer un montón de cosas. Es atrevido, valiente y con cierta propensión a ponerse en riesgo. ¿Qué hace Melvin? En ese momento duda. Quiere decirle a Nemo que no vaya. Que tenga cuidado, que quietas las aletas, que esa situación es muy peligrosa. Pero, claro, el viaje de Melvin no ha supuesto solamente cruzar el océano para ir en busca de su hijo. El verdadero viaje ha sido que entendiera que su hijo era un ser completo y que necesitaba espacio para crecer, desarrollarse, meterse en líos... ¡por supuesto! No puede estar sobreprotegiéndolo como si aún fuera el último huevo con vida después del ataque de la barracuda. Así, en esta escena absolutamente trascendental para acabar la película, Melvin decide ayudar a su hijo en su rescate a Dory. Porque ha cambiado. Porque ya no es el mismo pez payaso que empezó. Y en esa escena te das cuenta. En esa escena sientes que el viaje que has hecho como espectador también ha valido la pena. Eso es el arte de terminar. Así haces que una historia no tenga fin. Que sea una fuente inagotable de aprendizajes, porque siempre podrás echar la vista atrás y preguntarte qué aprendiste de esta historia. Qué puedes poner en el mundo la próxima vez que te enfrentes a una historia con características similares. Viene a cuento ahora recuperar la frase de Kierkegaard, la de que recuerdo y repetición son el mismo movimiento, uno se da hacia delante y el otro hacia atrás. En muchas, muchísimas ocasiones podemos «ir hacia delante» recuperando las lecciones que aprendimos «atrás».

Y esto no solo se da en las historias que acaban «bien», signifique lo que signifique esto. Veamos otro ejemplo. *La vida es bella*, la maravilla que creó Roberto Benigni en 1997. Guido pretende mantener la inocencia de un niño, su hijo Giosuè, incluso en las peores circunstancias, incluso en el infierno. Infierno que se materializa en un campo de concentración. Esa inocencia la quiere mantener a través de la ilusión del juego, así que se inventa una historia para mantener la terrible realidad lejos de los ojos del niño, ya que le convence de que todo eso que están viviendo es un juego y, si lo ganan, conseguirán un tanque. ¡Un tanque! Así se va desarrollando la historia. Tú, como espectador, sufres para que Giosuè no descubra el engaño que con tanto amor ha creado su padre, mientras que Guido sufre para mantener la mirada de su hijo a salvo del infierno nazi. ¿El punto sin retorno? (Cuidado, *spoiler*). Cuando matan a Guido y el niño se queda solo en el infierno. Pero aparecen los aliados y liberan el campo de concentración. ¿Fin? No. Todavía no. Ese no es el final, porque aún necesito saber que el viaje ha valido la pena, que la muerte y el sacrificio de Guido han valido la pena. Necesito, como espectador, saber que, de alguna manera, a pesar de la muerte del protagonista, él ha ganado. Y así es cuando aparecen los tanques aliados, el niño se sube en uno y grita, haciendo que el cine llore sin remedio: «¡He ganado el tanque!». Fin. Perfecto. No podríamos decir que la historia acabe bien. Su padre muere. Pero en esa historia... él ha ganado el tanque. Guido ha vencido a los nazis.

Y así sucede con todos los finales que no terminan nunca porque siguen resonando en nuestras cabezas. Son emocionalmente significativos y nos conectan con nosotros mismos, sean o no ficción, y nos llenan de posibilidades, de todo aquello que podemos llegar a ser, de todo aquello en lo que nos podemos convertir o que podemos desarrollar en nuestro interior.

EJERCICIO Tus finales de historia

Enlazando con lo que decíamos de Kierkegaard, de los finales y de las transformaciones, en este ejercicio te propongo que hagas un inventario de finales de historia. De tus historias. Detéctalas. Recuérdalas. Escríbelas en forma de relato. Y contéstate:

- ¿La historia consiguió los resultados que esperabas?
- ¿Te transformaste? ¿Hubo un arco narrativo completo?
- ¿De qué manera entraste en esa historia y de qué forma saliste?
- Si conseguiste esa anhelada transformación, ese viaje… ¿Aún perdura o, por el contrario, se desvaneció en el tiempo?
- ¿Te hubiera gustado otro final? ¿Qué crees que hubieras tenido que poner en la historia para conseguir otro tipo de desenlace?

HACIENDO AVANZAR AL PROTAGONISTA

Si en el apartado anterior has podido familiarizarte con la estructura y las funciones que cumple cada una de las partes de una historia, ahora es el momento de profundizar en cómo se mueven los personajes a través de esta estructura. Qué hace avanzar a un protagonista. Qué lo pone en marcha y qué no lo pone en camino. Antes, es posible que te resulte útil conocer qué elementos existen alrededor de toda estructura de una historia; alrededor, cruzándola o atravesándola.

Una vez más, vamos a hacer un viaje en el tiempo, al pasado, más o menos 2.400 años atrás. La antigua Grecia. Nuestro anfitrión será, de nuevo, Aristóteles, que, además de detectar y racionalizar las partes estructurales de cualquier relato, también especificó que en cualquier narración existen cuatro elementos fundamentales, es decir, en los que se fundamenta dicho storytelling:

La trama

Es importante distinguir entre tema, trama y argumento, y, por mi experiencia, no resulta del todo sencillo hacer esta distinción. Alrededor de estos conceptos existe cierta confusión y en ocasiones, popularmente, los usamos como si se tratara de sinónimos. Pero no lo son. El tema, ya nos hemos detenido en ello, se puede resumir en de qué va la historia, el cuento, la película. Qué es lo que hace latir al relato. Puede ser la amistad rota, el amor recuperado, la soledad a la que se ven abocadas las personas mayores en esta sociedad que parece que los aparta cuando dejan de ser productivos o, tal vez, de la rebeldía de aquellas que no se conforman con los roles de género. Da igual. Tú decides, pero toda historia habla de algo. Una vez que tenemos el tema, está el argumento, que etimológicamente hablando sería algo así como 'alumbrar el resultado', 'esclarecer el camino'. Bonito, ¿verdad? Porque esa es la misión del argumento, que sepamos por dónde ir. Y, ya sabes, en una historia vamos siempre a lomos de las cosas que pasan. Por tanto, el argumento es el conjunto de acciones y situaciones que viven los protagonistas y personajes de una historia, pero sin relación causal. Pasará esto, debería suceder lo otro y lo de más allá. Es en esta relación causal en la que encontramos la gran diferencia entre argumento y trama. Porque en la trama sí que hay una relación causal. Es decir, ya no es que pasa esto y lo otro y esto de más allá. Ahora, en una simplificación radical, diremos que sucede esto y esa es la razón por la que ocurre esto otro y es por esto por lo que el protagonista hace lo de más allá. ¿Recuerdas el esquema de Emma Coats? Y es por eso… Y es por eso… Y es por eso… Pues eso, precisamente, es un esquema de trama.

El escenario

Para el filósofo de Estagira, además de trama, toda historia tiene un escenario. Un lugar donde ocurre y donde se va a desarrollar esa trama de la que acabamos de hablar y que cruzará toda la estructura de introducción, nudo y desenlace. El escenario, esa parte del teatro donde actúan los actores, puede ser, si hablamos de ficción, cualquier lugar. El fondo del mar o el interior de la cabeza de una adolescente, como pasa en *Del revés (Inside Out)*. En términos de storycoaching es importante saber en qué lugares va a transcurrir la historia que queremos vivir. Incluso, y lo dejaré solamente como apunte, en ocasiones podemos preparar o prepararnos para actuar en ese escenario, y aquí no uso actuar como fingir, como representación de actor o de actriz, sino como operar en la realidad. Si quieres tener, por ejemplo, una conversación romántica con una persona especial para ti, puedes preparar el mejor escenario posible para que esa historia produzca los resultados que tú esperas obtener. Si vas a hablar ante una audiencia numerosa en un teatro, puedes prepararte ensayando en el mismo, esta vez sí, escenario. Sea como sea, el escenario es un elemento fundamental de cualquier historia y, como tal, debemos tenerlo en cuenta para podernos contar las historias que queramos.

Los personajes

Trama, escenario y, ahora, personajes. Parece muy obvio, pero, teniendo en cuenta que, por lo general, tendemos a obviar lo obvio, es importante remarcarlo. Toda historia tiene unos personajes y unos protagonistas. Sí. Pero, desde el punto de vista del storycoaching, debemos ser humildes y empáticos a la vez. Porque, por más protagonista que me sienta de mi propia historia, por más enfrascado que esté en mi pelea como luchador principal, la vida es un universo de historias que se cruzan, se entremezclan, se separan, se rompen y, en ocasiones, se vuelven a unir. Cada una de estas historias tiene, como dice Aristóteles, sus propios personajes y protagonistas. Por más importante que crea que es la mía, el otro se considera el verdadero luchador de su propia historia, en la que tú, entonces, eres un secundario. Esta perspectiva nos puede ayudar a tener una visión más amplia y humana del gran universo narrativo que es la humanidad en su conjunto.

La motivación

Y así llegamos al último de los elementos. La trama se desarrolla en un escenario donde habitan unos personajes que tienen unas motivaciones que les hacen entrar en la historia y avanzar en ella. Por tanto, este es un elemento puro de acción, lo que significa que acciona nuestra historia, la pone en movimiento. La motivación es la fuerza invisible que nos empuja y nos transforma. Motivo, motivación y movimiento son hermanas, comparten algo. Todo personaje debería tener un motivo para hacer lo que hace, para ponerse en movimiento y seguir avanzando. Eso le da sentido a la historia. Hace que no se den las cosas porque sí, sino que exista una finalidad. Pero, cuidado, las motivaciones van cambiando. Y puede ser que aquello que ha movido a un personaje en una parte de la historia no sea lo que le mueve al final. Este punto es importante y, a su vez, nos mueve a ti y a mí hasta el título del epígrafe de esta sección: haciendo avanzar al protagonista. ¿Qué es lo que nos hace avanzar a través de una historia? ¿Cuáles son las técnicas que usan los contadores de historias profesionales? ¿Qué tipo de movimiento necesitamos? Bien, primero de todo vamos a subrayar que necesitamos un movimiento transformador. Recuerda que toda historia es un viaje, un viaje emocional y transformador. Recuerda lo que ya hemos visto del abrazo. No entras de la misma manera de la que sales. Por tanto, al margen de las motivaciones propias de los personajes de la historia, hay un motivo principal en toda historia que es la transformación. Y así podemos hablar de varias maneras de hacer mover al protagonista... o a ti, si es que vas a poner en práctica el storycoaching.

El arco del personaje

Seguro que te suena esta expresión, pero ¿qué significa realmente y qué implicaciones tiene en la historia? Aquí deberás usar muchas de las cosas que has ido asimilando. Se unen algunos puntos que nos harán dilucidar la importancia de la transformación. Veamos. El arco representa la evolución que va a experimentar el personaje. Es el viaje que lo convierte en una mejor versión de sí mismo, como una actualización de software. Sin embargo, y al contrario de lo que ocurre en la informática, esta transformación no se va a dar porque sí. Vamos a tener que hacer algo más que clicar un botón y dar los consentimientos pertinentes. Un protagonista solo puede alcanzar su mejor versión a través de las complicaciones. Sin ellas no puede existir viaje y, por lo tanto, no hay transformación. ¿Recuerdas lo que vimos del esquema de la parte del nudo? En él se representan las complicaciones progresivas que nos llevan hasta el punto sin retorno. Esa parte del río en la que dudas que te queden fuerzas para seguir adelante y, a la vez, sabes que ya no puedes dar marcha atrás porque la orilla desde la que has partido ya queda lejos. Pues bien, esas complicaciones son espejos. Espejos que, en la ficción, en la fantasía, reflejarán cómo el protagonista va avanzando en la consecución de su mejor versión. Podemos visualizar algo así:

Fíjate en varias particularidades de esta figura. Primero, los rectángulos que representan los obstáculos (aquello que se presenta delante del camino como desafío) no terminan en su punto más álgido, en el que antes hemos llamado punto sin retorno. Y es que, como también hemos visto, el punto sin retorno no significa que sea un punto final, todavía queda historia. Si bien el protagonista tendrá que poner en la historia todo lo que tiene, e incluso algo más, para seguir avanzando, lo conseguirá y seguirá adelante, ya transformado. Y allí (recuerda la pirámide de Freytag) empezará el descenso de acción. Habrá más complicaciones, pero servirán para demostrar que ese personaje ya no es el mismo. Ahora afronta la vida de otra manera. Y eso es lo que representa el arco que cruza las complicaciones, es decir, esa transformación. El personaje empieza siendo de una manera y acaba siendo una versión mejorada de sí mismo. Ha evolucionado. Y para ello se ha ido repitiendo el mismo esquema.

A quiere algo. X se interpone en su camino.
A lucha. X se resiste.
A persevera hasta conseguirlo.
A consigue X y sigue avanzando.

Cada obstáculo se presenta para dar la oportunidad al protagonista de avanzar en su gran transformación. Pequeñas transformaciones dentro una gran transformación final. Sin embargo, esta transformación final tiene sorpresas y matices y no siempre es lo que espera, intuye o desea el protagonista.

Los deseos y las necesidades

Un protagonista avanza por dentro de la historia superando obstáculos que lo van acercando a la meta final, a eso que ansía obtener. Ese deseo es el que ha puesto al protagonista en la historia, el deseo nos pone a nosotros mismos en la historia, piensa en lo que veíamos páginas atrás acerca de que el movimiento expresa el deseo de completarse. Las historias nos ayudan a alcanzar aquello que creemos que nos falta. El deseo es una historia en la que tratamos de completarnos. Quieres algo y empiezas a recorrer la línea del storytelling. Ese querer puede deberse a muchos motivos, a un sinfín de motivaciones. Desde que se ha cometido una injusticia y te propones a repararla. Una venganza. Una atracción romántica, lo que sea. Pero el deseo ha crecido en ti hasta llevarte a la acción. Eso es lo que pone a cualquier protagonista en la historia. Además, ese querer algo es conocido y hasta declarado por el personaje. No es algo que descubra a lo largo de la trayectoria de la transformación. Es algo de lo que es muy consciente, está convencido de que le va a ayudar a sentirse más completo, a estar más acorde con sus expectativas de vida. Un ejemplo arquetípico de este mecanismo es cuando Rayo McQueen, el protagonista de *Cars*, quiere con todas sus fuerzas ganar la Copa Pistón, y otro es, para ser más galácticos, cuando los miembros de la familia Robinson de la serie *Perdidos en el espacio* en su versión de 2018 quieren llegar a Alfa Centauri y de esta manera empezar una vida mejor. Sus deseos están claros. Sean coches o sean viajeros del espacio. Saben lo que quieren y se han propuesto conseguirlo a toda costa. Han declarado sus intenciones. Han expresado sus deseos. Rayo McQueen asegura que quiere ser el mejor, que ansía esa copa por encima de todo. Los Robinson también, dicen, declaran, expresan que quieren dejar atrás la Tierra y todos sus problemas. Desean reiniciar su vida. Sin embargo, esto no es suficiente para afirmar que tenemos una historia, una buena historia. Necesitamos, valga el juego de palabras, una necesidad. ¿Qué necesitan realmente estos personajes? Repitamos la pregunta. ¿Qué es lo que necesitan en lo más profundo de su ser para que se genere esa transformación que dará sentido a la historia? (Ahora el juego entre *sentido* y *destino* que hemos estado viendo toma más relevancia). ¡Ay! Esa necesidad ya no la saben, ni la declaran ni la sospechan. Eso se les escapa. La única persona que sabe eso es el creador o la creadora de la historia, cuando estamos hablando de ficción, y eso está ligado a lo que hablábamos de ponerse al final de la historia y practicar la divina disciplina de la teleología. ¿Y en la vida real? ¿Y cuando hablamos de storycoaching? ¿Quién sabe la necesidad? ¿Dios? Bueno, eso no lo sé, pero aquí trabajaremos con la hipótesis de que vamos a ser nosotros mismos quienes descubriremos la verdadera necesidad. Que nos vamos a abrir al devenir del camino, vamos a estar preparados para recibir el aprendizaje profundo que representa el descubrimiento de la necesidad oculta que hay detrás del deseo. Pero sigamos con nuestro coche y nuestros viajeros del espacio.

Sí, la colisión entre deseo y necesidad da forma al arco. Y, en una multitud de ocasiones, cuando el personaje se da cuenta de lo que realmente necesitaba, deja de querer aquello que tanto deseaba. Parece un juego de palabras, pero no lo es. Es la vida misma. Los Robinson quieren llegar a Alfa Centauri, sí. Y lo quieren con todas sus fuerzas. Quieren una nueva vida en un nuevo planeta, lejos de una Tierra que agoniza. Pero lo que realmente necesitan, en conjunto (aquí casi la familia es un personaje propio), es volver a ser una familia, a sentirse parte de un todo que funciona desde el amor, el respeto, la confianza y la honestidad. Eso es lo que necesita la familia Robinson. Cuando se dan cuenta de esta necesidad, el deseo de llegar a Alfa Centauri deja de ser tan relevante. No he visto aún el final de la serie porque aún no se ha emitido y ya sabes qué pasa con las series, que puede que no tengan un final porque en demasiadas ocasiones son mera acumulación, pero ahora nos da igual. Estoy convencido de que, cuando descubran la auténtica necesidad, podrán irse a cualquier planeta a vivir, ahora sí, la vida que necesitan. ¿De qué les hubiera servido alcanzar su deseo si al llegar se hubiesen desintegrado como familia? Sí, deciden viajar a esa colonia porque el planeta Tierra ya no es un buen lugar para vivir y para desarrollarse como padres, como hijo, como hijas... Pero en este caso la Tierra no deja de ser un símbolo de la propia realidad familiar que están viviendo. Totalmente desintegrada. La madre con el padre. El padre con los hijos. Los hermanos entre sí... Pues eso. Lo mismo sucede en la película de PIXAR, donde vemos a un Rayo McQueen absolutamente obsesionado con ganar la Copa Pistón. Quiere ganar y ganar y ganar y no contempla nada más. De hecho, no contempla ni el peligro que supone presionar a su fiel camión Mack para que conduzca de noche y así poder llegar al circuito y entrenar para ganar, ganar y ganar. ¿Resultado? Un accidente y Rayo queda atrapado en un pueblo perdido donde la velocidad, un valor primordial para él, no cotiza al alza, digamos. Ahí es donde descubrirá lo que realmente necesita, que está muy lejos de lo quiere. ¿Qué es? Valorar la competición, respetar al oponente, ver que en esta vida no todo se reduce a ganar y que debe aprender a participar de manera honesta, apreciando las distintas velocidades que tiene la vida y no solo las que se producen al poner la quinta marcha. Cuando Rayo McQueen descubre eso, incluso ya no quiere lo que quería. Cuidado, otro *spoiler*. Rayo renuncia a ganar la copa para socorrer a un compañero accidentado en la carrera. Eso sí que es una transformación, ¿verdad? Eso es transformarnos. Darnos cuenta de que los deseos puntuales, y a veces ciegos (dicen del amor o de la justicia que son ciegos, pero los actos de voluntad a veces son peores en términos de amplitud de visión), no están en concordancia con aquello que realmente necesitamos. Puede que justamente a eso se refiera la famosa frase que nos advierte de que debemos tener cuidado con lo que deseamos, no sea que lo consigamos. Para mí, la lectura no es que el deseo se puede convertir en una maldición, que también, sino que, al alcanzarlo, sin más y sin haber descubierto lo que realmente necesitamos, podemos seguir sintiéndonos incompletos, porque lo que completa al acto de deseo que nos pone en la historia es descubrir la necesidad que se oculta detrás.

Nos transformamos al darnos cuenta de que los deseos puntuales, y a veces ciegos, no están en concordancia con aquello que realmente necesitamos.

Como seguro ya sospechas, esto tiene muchas implicaciones en cuanto a crecimiento personal. Y muchas preguntas poderosas, de esas que nos hacen crecer, desarrollarnos y, también, avanzar en nuestro propio propósito. Seguramente, la que tiene una mayor implicación sería: «¿cómo aplicarlo a la vida real?». Porque tal vez lo entendamos fácilmente en cuanto a storytelling. Un personaje quiere algo y en el fondo necesita otra cosa. ¿Y yo? Primero, lo que ya hemos visto, estar abiertos al descubrimiento de las propias necesidades, esas que no nos hemos declarado a nosotros mismos, pero que en el fondo están ahí. Estar atentos. Con la mirada preparada para captarnos, lo que quiere decir que aquello de lo que hablábamos en el punto de las herramientas, la mirada, aquí toma una relevancia mayor. Aquí se trata de usar una mirada honesta y atrevida hacia el interior de uno mismo. Se trata de no engañarse y saber de qué va todo esto que estamos viviendo. Es posible que lo vayas descubriendo a lo largo del camino, así que no hace falta que seas consciente en el instante justo en el que nace ese deseo. Ya vendrá. Dice un proverbio zen que el maestro aparece cuando el alumno está preparado. Ese baile entre deseo y necesidad, entre declaración y descubrimiento, entre movimiento y crecimiento personal, deberá enseñarte muchas cosas y, para ello, deberás estar preparado. Y no engañarte. Ser valiente. Coraje. Hay una máxima de Nietzsche que dice: «Para llegar a ser sabio, es preciso querer experimentar ciertas vivencias, es decir, meterse en sus fauces. Eso es, ciertamente, muy peligroso; más de un sabio ha sido devorado al hacerlo». ¿Qué trato de decir con esto? Pues que a veces insistimos en el deseo, sobre todo los no cumplidos, para seguir soslayando la necesidad que en él palpita. Como aquel que quiere un aumento de sueldo y piensa que la necesidad es económica. Puede que sí. Pero es más que posible que debajo, en el corazón de ese deseo, palpite la necesidad no cubierta de respeto, de sentirse valorado y respaldado. Lo mismo vale para aquella persona cuyo deseo sea triunfar y ser popular... Es perfectamente legítimo, pero en el camino puede que se dé cuenta de que su necesidad esté en, pongamos, aceptarse a sí mismo o en su autoestima. ¿Quiere decir esto que el dinero, la fama o lo que sea es «malo»? No. Para nada. Solo que es posible que reconocer la necesidad en cuanto emerja ante nuestra consciencia, trabajarla y hacerse cargo de ella nos hará crecer, nos desarrollará y nos preparará para alcanzar nuestro máximo potencial.

EJERCICIO El genio de la lámpara mágica y los cinco ¿por qué?

Bueno, ya que esto va de cuentos, de storytelling, te propongo un ejercicio interesante para ir afilando la mirada, la observación que te permitirá distinguir entre deseos y necesidades.

Piensa que has encontrado una lámpara mágica. La de Aladino. Y que la frotas y aparece el genio que te concede tres deseos. ¡Eh! No vale hacer eso de pedir todos los deseos que quieras cuando estés a punto de pedir el tercero, ya sabes. El caso es que seas sincero, que le pidas al genio aquello que... desees. No pienses, solo desea. Sin juzgar. Sin plantearte, incluso, si son caprichos. Tú desea, apúntalo en un papel y reflexiona acerca de con qué necesidades puede que estén vinculados esos deseos.

Es posible que, para ello, para escarbar hasta la causa original del deseo, descubrir la necesidad, te venga bien la técnica de «Los cinco ¿por qué?», una herramienta que nació en los procesos de fabricación de Toyota y que hoy se usa en muchos ámbitos, incluso en los de crecimiento personal. También se conoce como «La escalera de los por qué». En su origen se usó para encontrar la causa raíz de un problema de ingeniería y consistía en preguntarse cinco veces ¿por qué?*

Un ejemplo clásico de aplicación de esta técnica es el siguiente:

* https://es.wikipedia.org/wiki/Los_cinco_¿Por_qué%3F

El vehículo no arranca. (El problema)

- ¿Por qué? La batería está muerta. (Primer ¿por qué?)
- ¿Por qué? El alternador no funciona. (Segundo ¿por qué?)
- ¿Por qué? La correa del alternador se ha roto. (Tercer ¿por qué?)
- ¿Por qué? La correa del alternador superó su vida de servicio útil y no se ha sustituido. (Cuarto ¿por qué?)
- ¿Por qué? El coche no se mantiene de acuerdo con el programa recomendado de servicio. (Quinto ¿por qué?, una de las causas).

Esta es, muy resumida, la técnica de «Los cinco ¿por qué?». Se trata de ir profundizando en la causa. Quitando capas para ver con claridad. El verdadero problema, en el ejemplo, no es que el coche no arranque. Es mucho más profundo y transformador para la compañía ser conscientes de que el programa de servicio no se está cumpliendo y que ello puede cuestionar la percepción de calidad de la compañía. Nosotros podemos usarla también para llegar a las causas o, en nuestro caso, a las necesidades. Un ejemplo:

Quiero ganar más dinero. (El deseo)

- ¿Por qué? Quiero cambiar de casa.
- ¿Por qué? No me gusta la ciudad.
- ¿Por qué? Necesito estar en contacto con la naturaleza.
- ¿Por qué? Me siento más libre, tranquilo y en paz cuando estoy en contacto con la naturaleza.
- ¿Por qué? Conecto conmigo y con los demás de forma genuina.

Es solo un ejemplo, pero aquí la causa raíz, la verdadera necesidad, es conectar con los otros y con uno mismo en un entorno de paz y armonía. Poco o nada tiene que ver con el dinero. En realidad, podrías ir a vivir a un pueblo ganando menos dinero y encontrar otras formas que no sean tener que comprar una nueva vivienda...

Ahora te toca a ti. Frota la lámpara y atrévete a hacer el ejercicio.

EL PROTAGONISTA QUE NECESITAS SER

Estructura, emociones, deseo, necesidad, motivación, escenario y todo lo que hemos visto no tendría sentido sin el héroe, sin la heroína. Todo relato tiene un protagonista y todo protagonista puede tomar la forma de héroe, lo que nos puede ayudar en el devenir de las historias. ¿Cómo? Inspirándonos. Proyectándonos en el arquetipo, haciendo posible que saquemos lo mejor de nosotros en los momentos oportunos, preparándonos para dar lo máximo y responder con integridad, valor y determinación ante los acontecimientos más significativos. Pero, antes de eso, hay una pregunta que nos ayudará. ¿Qué es un héroe? Podríamos resumirlo como un semidiós. En *Crátilo*, el diálogo de Platón donde reflexiona acerca de la relación entre las palabras y lo que significan, Sócrates señala la cercanía entre la palabra *héroe* y *Eros*, el dios de la atracción sexual y de la fertilidad, apuntando que los héroes nacen por el amor (entendido aquí como deseo o atracción incontenida) de un dios por una mortal o, al contrario, de un mortal por una diosa. Me gusta esta definición socrática, esa dualidad tan platónica que nos sirve para ilustrar metafóricamente que, al convertirnos en los héroes de nuestras propias historias, podremos conectar con dos partes que habitan en nosotros, la humana y la divina. La limitada por lo que hemos conseguido y hecho hasta la fecha y la ilimitada que nos empuja a conseguir lo que creíamos lejano o imposible. La, por qué no, posible y la imaginaria, la fantasiosa, pero entendida aquí como una herramienta. Y aquí debemos detenernos en el gran Gianni Rodari y su visión de la Fantástica, que, como él mismo dice, no es una substitución de la realidad, sino un acercamiento a través de la fantasía.[22]

---

22 Gianni Rodari, pedagogo italiano y uno de los grandes autores infantiles de todos los tiempos, se refería a la Fantástica a partir de esta frase de Novalis: «Si dispusiéramos de una Fantástica, como dispone-

Así, los héroes, las heroínas, nos sirven para inspirarnos, para reflejarnos en ellos. Boris Cyrulnik, el afamado neurólogo y psiquiatra, padre del término resiliencia, uno de los hallazgos con más impacto social y personal de los últimos tiempos, lo describe así en su libro *Super(héroes): ¿Por qué los necesitamos?*:[23] «Mis héroes viven en un mundo de relatos maravillosos y aterradores. Mis héroes están hechos de mi misma sangre, atravesamos las mismas pruebas: el abandono, la malevolencia de los seres humanos y la injusticia de las sociedades. Sus epopeyas me hablaban de que era posible elevarse por encima de los momentos trágicos o de una vida desgraciada. Cuando nos cuentan de sus desgracias sobre las que han triunfado, nuestros héroes nos muestran el camino».

Los héroes nos dan alas, fuerzas, energías para seguir cuando todo a tu alrededor te dice que no sigas, que no vale la pena, que todo está perdido.

Los héroes nos dan alas, fuerzas, energías para seguir cuando todo a tu alrededor te dice que no sigas, que todo está perdido. Es desde este punto que podemos conectar con lo ilimitado que habita en nosotros, y no hablo de poder volar como Superman, sino de elevarnos por encima de nuestras propias creencias que nos encierran dentro de lo posible, de lo que es así simplemente porque siempre hemos pensado que debe ser así, pero puede

---

mos de una Lógica, se habría descubierto el arte de inventar». Es a partir de aquí que Rodari se propone disponer de esta fantástica y escribe *Gramática de la fantasía*, un libro imprescindible para todos aquellos que, efectivamente, quieran disponer de ese arte de inventar.

23 Boris Cyrulnik es un autor fascinante e inspirador; no puedo dejar de compartir un libro que, en el contexto de estas páginas, es absolutamente necesario. Se trata de su *Escribí soles de noche. Literatura y resiliencia*, y en él reflexiona acerca de cómo «la escritura representa un posible camino para trasformar y superar el trauma, el dolor o la pérdida en fuerza de vida». A partir de las vidas y obras de grandes autores y de la suya propia, pone de manifiesto que escribir es un acto esencial, de magia, de superación, de transformación.

ser de otra manera. Admiramos a los héroes porque nos empujan a dar nuestra mejor versión, porque de repente somos conscientes de que podemos, que somos capaces de convertirnos en héroes, ni que sea por un día, tarareando la canción del inmenso David Bowie. Convertirnos, o tal vez podemos decir usar el héroe que necesitemos en las circunstancias que se nos van a ir poniendo por delante a lo largo del camino. Para ello es bueno repasar un poco de teoría y ver qué tipologías de héroes, a grandes rasgos, se dan en la ficción y que nosotros, en este giro de storycoaching, podemos usar en nuestras vidas.

El héroe clásico

Seguramente el que todos tenemos en la cabeza cuando hablamos de héroe o de heroína. Pero ¿qué es? ¿Cómo funciona? ¿Qué valores le separan de los otros héroes? Este primer modelo, muy en relación con el romanticismo, es una persona normal, común, pero que dispone de un gran talento. De un don, podríamos decir, que lo diferencia del resto. Pero, cuidado, en lo demás es igual, solo es esa habilidad lo que le pone en un plano superior. Para mí, un ejemplo de héroe podría ser Robin Hood, alguien que es igual que el resto pero que, sin embargo, posee el don de ser un excelente arquero. Eso lo hace admirable y más cuando pone ese don al servicio de una causa justa.

Tal vez ya te has dado cuenta, pero en nuestra sociedad convertimos en héroes a los deportistas, con especial intensidad a los futbolistas. Ellos o ellas son personas normales en su mundo, en sus vidas no son diferentes de los demás, con sus necesidades, sus ámbitos de mejora, sus sombras y sus luces, pero ese don y ese talento para jugar los convierten en héroes a los ojos de los demás. No es casualidad, de todos modos, que lo heroico y lo deportivo se hayan vinculado de manera estrecha y poderosa a lo largo de la historia de la humanidad. Ya desde los juegos olímpicos de la antigua Grecia; el propio nombre de Olimpiadas nos lleva al lugar original donde se celebraban los juegos, en Olimpia, donde se ubicaba el santuario de Zeus, el dios más poderoso. Además, los juegos olímpicos representaban esa armonización entre el cuerpo y el alma, entre lo divino y lo humano, lo mortal y lo inmortal, una dualidad que, como hemos visto, está en el origen de los propios héroes y en lo que pueden ofrecernos e inspirarnos. Sea como sea, lo importante es remarcar esa normalidad del héroe o de la heroína con un talento que los hace especiales. Claro, no sé tú, pero yo sí que pienso que, en el fondo y aunque no nos hayamos dado cuenta aún, todos y todas poseemos algo, un no sé qué, un talento que nos hace especiales y que, de usarlo en una causa justa, hará que emerja el héroe que se encierra en nuestro interior.

El héroe *everyman*

Si acabamos de ver cómo un talento consigue que una persona normal en su mundo devenga, como mínimo a los ojos de los demás, heroica, ahora no vamos a hallar nada extraordinario en esta tipología de héroe, muy usada en las ficciones de nuestros días. El héroe *everyman* es un hombre común, tal y como indica su nombre en inglés. Nada lo hace destacar por encima del resto. Sin embargo, la vida lo pone en medio de circunstancias extraordinarias. Él o ella es común, son las circunstancias las que no lo son. Así, el héroe o la heroína *everyman* deberá usar atributos heroicos para superar con éxito los desafíos que se le plantean. Deberá encontrar, dentro de sí, la fuerza, la energía y el coraje para salir victorioso de esas circunstancias a las que ha sido arrojado.

El héroe común es, ya que hemos hablado de Boris Cyrulnik, resiliente. La adversidad no le doblega, consigue adaptarse y hace acopio de todo lo que tiene como ser humano para superar los acontecimientos y, de paso, superarse a sí mismo. Obviamente, hay trampa. Esta tipología de héroe no es tan común como dice su nombre, ya que posee unas fuertes convicciones morales y unos valores que le guían y le hacen salir victorioso de la historia. Si hoy es tan usado el *everyman* es porque para el espectador es muy fácil identificarse, se genera una relación de igualdad, un «si él puede yo también podría». Además, al tener que usar atributos propios de los dioses, sin que él o ella lo sean, también nos da esperanza de poder, nosotros mismos, usar esas cualidades cuando las necesitemos.

El superhéroe

El superhéroe es... eso que te viene a la cabeza. Superman, Batman o Spider-Man, que entre los tres han vendido más de mil millones de ejemplares de cómics. Una locura. Los superhéroes, también Wonder Woman, la Capitana Marvel o Starfire, tienen un poder sobrehumano. Eso no quiere decir que, por definición, esa cualidad les venga de nacimiento. Los superhéroes pueden partir desde el héroe clásico o, incluso, desde el héroe *everyman* y «recibir» ese poder sobrenatural, como le ocurre a Izuku Midoriya, de *My Hero Academia*[24], que hereda el *One for All* de All Might. Por *recibir* me refiero a que puede tener forma de regalo, como acabamos de ver, o de accidente, como el célebre caso de Peter Parker, a quien accidentalmente le pica una araña radiactiva y se convierte en uno de los superhéroes más famosos de todos los tiempos. Obviamente, como sucede con Superman, los poderes pueden ser genuinamente suyos, de

---

24 *Boku no Hīrō Akademia*, o *My hero academia*, como se conoce en occidente, es un manga de una calidad extraordinaria. No en vano es uno de los preferidos de los niños. Créeme, vale la pena leerlo o, ni que sea, ver la serie de dibujos (anime). Ya ves que en este libro hay bastantes referencias a libros. De todo tipo. Y de todos ellos podemos extraer grandes lecciones y aprendizajes. También del manga, ¡por supuesto! No olvides que en Japón existe esta industria, que tiene como base las historias, y que es capaz de facturar miles de millones de yenes. Y todo porque tienen la habilidad de conectar con algo profundo, inmortal y trascendental en el ser humano, más allá de la cultura propia. Como es el caso de *My hero academia*, donde la historia nos transporta a un futuro en el que hay personas que nacen con superpoderes y hay personas que no. A Midoriya le entregan un poder, sin ser él superhéroe de nacimiento, y, por tanto, deberá aprender a controlarlo y a usarlo, a su favor y a favor de los valores que representa ser el portador de este poder...

nacimiento. Dicho esto, en relación con este tipo de héroe, lo más importante y significativo para nosotros no es lo que pueden hacer, sino lo que no pueden hacer. Y para desarrollar esta idea debemos irnos hasta las tres leyes de la magia,[25] de Brandon Sanderson. Seguramente, Sanderson es uno de los autores más prolíficos y leídos de la actualidad y nos ha hecho el favor de engrosar el elenco de grandes autores que han escrito tres leyes, como Isaac Asimov y sus célebres tres leyes de la robótica[26] o el enorme Arthur C. Clarke y sus tres leyes de la tecnología y el futuro.[27] De las tres leyes de la magia de Sanderson ponemos foco en la segunda,[28] que dice, literalmente, así:

---

25 En Fantífica, la comunidad de Fantasía y Ciencia Ficción, puedes encontrar la traducción del artículo de Brandon Sanderson: http://fantifica.com/literatura/articulos/segunda-ley-de-la-magia-brandon-sanderson

26 Estas son, más que nada para que las tengas a mano ante los tiempos que vienen:

1. Un robot no puede dañar a un ser humano ni, por inacción, permitir que un ser humano sufra daño.
2. Un robot debe cumplir las órdenes de los seres humanos, excepto si dichas órdenes entran en conflicto con la primera ley.
3. Un robot debe proteger su propia existencia en la medida en que ello no entre en conflicto con la primera o la segunda ley.

27 Las de Arthur C. Clarke me resultan muy inspiradoras y apropiadas no ya para el futuro, sino para el presente o, si lo prefieres, para encararnos a nosotros mismos en los futuros que nos esperan o que esperamos ser:

1. Cuando un científico ya anciano y famoso afirma que algo es posible, probablemente esté en lo correcto. Pero cuando dice que es imposible, lo más probable es que se equivoque.
2. La única manera de encontrar los límites de lo posible es yendo más allá de esos mismos límites y adentrándose en lo que creemos imposible.
3. Cualquier tecnología suficientemente avanzada es indistinguible de la magia.

28 Para no dejarte con la intriga, aquí van las otras dos:

Primera ley: la capacidad de un autor para resolver un conflicto con magia es directamente proporcional a lo bien que el lector haya comprendido dicha magia.

Limitaciones > Poderes
(o expresada hábilmente con notación eléctrica: Ω > I,
aunque posiblemente la fórmula vuelva locos a los científicos).

Lo que significa, en nuestro lenguaje de storytelling, que aquello que no puede hacer el superhéroe en cuestión es más importante que sus poderes. Sus limitaciones, aquello que lo separa de la omnipotencia, lo hace interesante, es más, le otorga la identidad. Son todos sus no poderes lo que lo hacen interesante, lo que provoca que nos sintamos cerca del héroe o heroína en cuestión. Por poner un ejemplo paradigmático, pensemos en Superman. Sin duda puede con todo. Sus superpoderes son totales... o casi. Puede volar, tiene una fuerza descomunal, visión de rayos X y muchas cosas más. Sin embargo, es su gran limitación lo que nos da información acerca de quién es realmente Superman, Kal-El, su nombre verdadero. Y su gran limitación es la kriptonita. Ese es el gran no poder que lo define, lo acerca a nosotros, los comunes de los humanos. Gracias a este material extraterrestre sabemos que Kal-El proviene del planeta Kriptón, que se hundió en las profundidades del universo como una Atlántida galáctica, y que él es muy probablemente el último de su especie. Es gracias a este material que podemos conocer el lado humano y genuino de Superman. Lo que no podemos hacer nos define. Eso es lo que significa la segunda ley de la magia de Sanderson. Y no solo a Superman, a nosotros también. Nuestras limitaciones dicen de nosotros. Nos dan identidad y capacidad de superación. Como el superviviente de Kriptón, cada limitación nos obliga a acentuar lo que sí podemos hacer, a usar esas otras capacidades para superar la ausencia de la limitación. Ya que hablamos de superhéroes, sería como Daredevil, Matt Murdock, que, al ser ciego, al no tener la capacidad de ver, ha agudizado los otros sentidos para luchar contra el crimen. Si nuestro imaginario

---

Tercera ley: amplía lo que ya tienes antes de añadir algo nuevo.

colectivo está repleto de superhéroes, si siguen siendo una fuente de inspiración, entretenimiento y mucho, mucho dinero (que se lo pregunten a Hollywood), es porque estos personajes cumplen hoy la misma función que cumplieron en su día los dioses de la mitología griega en Occidente. Son proyecciones humanas. Dicen de nosotros, no de la divinidad. Son como nosotros. Magnificados, pero con los mismos problemas de amor, de identidad o, incluso, de compaginación de varias actividades que tenemos nosotros. Sea como sea, los superhéroes, las superheroínas, son con todo derecho un tipo de héroe tan significativo e inspirador como el siguiente de la lista, el héroe trágico.

El héroe trágico

Desde Edipo a Antígona, pasando por Anakin Skywalker, Hamlet o el propio don Quijote, aunque seguro que este último merecería una fuerte y airada discusión. El caso es que el héroe trágico, tal como definió Aristóteles en su *Poética*, evoca en el espectador un sentimiento de pena o temor. Pena por lo inevitable de su destino, temor por si, al darnos cuenta de qué le ha llevado a la desgracia, a nosotros nos pudiera suceder lo mismo. La estructura narrativa del héroe trágico, a diferencia de otros tipos de héroes, no va de lo malo a lo bueno, sino que su camino es inverso: de lo bueno va a lo malo. O, si pensamos en Franz Kafka y en su Gregorio Samsa de *La metamorfosis*, de lo malísimo al dolor infinito.

El héroe trágico no es malo de por sí, al contrario, tiene un fuerte sentido moral del bien y sus intenciones son buenas. Esa es la gran ironía, quiere hacer el bien y al buscarlo se encuentra con la perdición y la desgracia. Veamos qué dice Aristóteles de las características de esta tragedia:

- **Hamartía.** La *hamartía* la define Aristóteles como el error fatal que lleva al héroe a la ruina, no en un sentido económico, claro está. Mucho más total. Error fatal. Defecto, fallo o pecado. El héroe trata de hacer lo correcto impulsado por sus fuertes convicciones morales y cierta rigidez de conducta. Es arrogante y está convencido de que está procediendo bien, correctamente. Eso es importante; según Aristóteles, la *hamartía* es sin querer, es algo malo sin intención de hacer el mal. De hecho, en la *Ética a Nicómaco*, el propio Aristóteles habla de la *hamartía* como una de las tres ofensas que se pueden hacer a otra persona sin pretenderlo.

- **Arrogancia.** Si la *hamartía* es una de las características del héroe trágico, no debemos olvidar que ese error fatal está producido por la arrogancia, *hybris* en griego. Es esa determinación desmesurada que excede las competencias propias del héroe, que de alguna manera se extralimita y se quiere asemejar a los propios dioses, lo que causa su desgracia. Aunque el concepto da para un libro entero, para comprender las razones de la caída del héroe trágico nos basta entender que es esa extralimitación la que lo lleva a su trágico desenlace.
- **Peripecia.** Existe, también, un cambio de suerte en el camino trágico, un giro de la fortuna. Hay un cambio de sentido, algo imprevisto que desencadena los acontecimientos. Recordemos que este tipo de héroe va de lo bueno a lo malo y es en este trayecto donde se encuentra con la peripecia, con este giro del destino. Aristóteles lo define como «un cambio por el cual la acción gira hacia su opuesto, sujeto siempre a nuestra regla de probabilidad o necesidad». Puede ser porque el héroe descubra algún secreto de su pasado o el de su familia. Puede ser por la mera mala suerte... La peripecia está íntimamente relacionada con la anagnórisis.
- **Anagnórisis.** Literalmente significa 'reconocimiento' y se da cuando el héroe o la heroína, efectivamente, descu-

bre ese giro de la fortuna del que hablábamos antes. Una verdad le es revelada, bien sobre sí mismo, bien acerca de su identidad, de su entorno, de su linaje... Sin duda una de las anagnórisis clásicas es cuando Edipo descubre que el hombre al que ha matado es su padre y que la mujer con la que se ha casado es en realidad su madre. Ese descubrimiento, esa revelación, le acerca a la tragedia o, mejor dicho, su reacción y su actitud ante la anagnórisis desencadena los acontecimientos trágicos.

- **Justicia.** Existe, en toda tragedia, un sentimiento de justicia, entendido como inevitable. El destino, atendiendo a esa entidad de justicia, no se puede evitar. Debe ser así.
- **Catarsis.** Así, todo esto que hemos visto provoca un sentimiento de catarsis en los espectadores. Porque nos hemos identificado. Porque eso que le ha sucedido al héroe o la heroína bien podría habernos acontecido a nosotros mismos. Sentimos su dolor, su incapacidad de oponerse a los dictados del destino, la inevitabilidad de los acontecimientos. Incluso compartimos, o podemos entender perfectamente, su orgullo, su *hybris*, el querer obrar rectamente, entendido como guiado o impelido por unas férreas convicciones, aun cuando todo apunta a que esa no es la circunstancia propicia para adoptar esos valores como guía de actuación. Es por eso por lo que se produce la catarsis y podemos depurarnos sin haber sufrido. Llorado sin haber perdido. Desesperarnos sin haber caído. Además, la catarsis es esa ocasión en la que incluso podemos aprender, mirar en qué aspectos estamos obrando como este tipo de héroe, si estamos incidiendo en esa arrogancia que nos precipita a la tragedia... Ya sabes que, en términos de storycoaching, darnos cuenta es la posibilidad de podernos contar otras historias y encaminarnos a otros destinos.

El héroe épico

Si en el héroe trágico la misión era provocar en el espectador tristeza, temor o desasosiego, en este caso, la misión es evocar ideales, inspirar modos de actuación, maneras de afrontar peligros y situaciones... legendarias. La *Eneida* de Virgilio, la saga del rey Arturo, *Beowulf*, *Orlando furioso*..., serían buenos ejemplos de ello. El héroe épico tiene ciertas características que, sin ser condiciones *sine qua non*, se repiten con cierta asiduidad. Digo que no son condiciones imprescindibles porque al final la épica se ha extendido a lo largo de los tiempos tomando formas distintas y adaptándose a cada época, para, claro, inspirar, según el momento histórico, esas maneras de actuar. Los rasgos más repetidos podrían ser estos:

- **Noble.** Aquí hablamos de reyes, reinas, príncipes..., pero también, en nuestros días, podrían ser o formar parte de una nobleza distinta, como cierta élite intelectual, cultural, económica o moral, por qué no. El caso es que el héroe épico posee algo más de entrada, algo que le viene dado. Sale de un lugar de cierto privilegio, por decirlo así, aunque a veces ni sea consciente de ello.

- **Un atributo especial.** Fuerza, coraje, astucia, velocidad, capacidad para la lucha o para las operaciones computacionales, para seguir enfocándolo a nuestros días de manera radical. El gran tema es que posee algo que le hace realmente especial y que lo abre a la grandeza, le da la posibilidad de poner ese don, esa capacidad casi sobrehumana y que lo diferencia del resto, al servicio de la épica. Este es un punto especialmente relevante en términos de crecimiento personal. No sé tú, pero yo estoy absolutamente convencido de que todos y todas poseemos un don de este tipo, algo que nos hace especiales y nos pone frente a las puertas de la épica. No hay quien no tenga una característica sobresaliente que no pueda poner al servicio de la grandeza, no de la suya propia, que también, sino al servicio de la inspiración del resto. La cuestión, sin duda, será detectarla y atreverse a potenciarla.

- **Viajero.** Otro de los atributos clásicos del héroe épico, el cual, de paso, nos vuelve a conectar con el crecimiento personal, es el de los viajes. Porque estamos ante un tipo de personaje que no se queda en sus fronteras, en su mundo ordinario y conocido, sino que acomete grandes viajes, recorre largas distancias. Lo que quiere decir que se aleja de sus zonas de confort, de allí donde es conocido, para alcanzar esa grandeza de la que hablábamos. Porque va a ser durante su viaje, al enfrentar su destino, cuando va a enfrentarse al mal que acecha al mundo, que amenaza a su zona de confort y sus territorios tan conocidos como queridos. Lo que a mí me dice esto es que el héroe o la heroína épica no rehúyen la aventura, no la esquivan. Van a buscarla, dotados de esa capacidad que les hace destacar.

- **Guerrero.** Y este aspecto enlaza perfectamente con la última parte del anterior punto. Es decir, según el tópico, el héroe épico tiene una intachable reputación de guerrero, pero tú y yo podemos interpretarlo de forma menos bélica. Pongamos que lucha. Que no se rinde. Que pelea por aquello que considera justo. En muchas ocasiones me he encontrado con alumnos, y alumnas, que me dicen que no saben cuál es ese don, esa capacidad especial que pueden poner al servicio de su propia épica. Pues bien, es posible que tú no lo sepas, pero es más que probable que los demás sí, que ya lo hayan detectado. En ocasiones es bueno escuchar y creer a los demás, a aquellos seres queridos y cercanos que no tienen reparos en decirnos en qué destacamos. Si quieres haz la prueba. Pregunta a cinco personas, de distintos ámbitos de tu vida, en qué destacas. Cuál es tu superpoder legendario. Verás que las respuestas se parecen bastante, que hay una constante, y es esa misma constante la que te dará pistas y te puede ayudar a reflexionar. Si conectas con la emoción de la humildad, seguro que te costará mucho menos de lo que suele costarnos a todos aceptar esas cosas buenas que dicen, y ven, los demás de ti.

- **Humilde.** Y es la humildad, precisamente, otra de las típicas características de los héroes legendarios. Y eso significa varias cosas. Para empezar, lo más común. El héroe o la heroína épica no se jactan, no se ufanan de esos dones, de esas capacidades especiales y grandezas que poseen en su interior y que deciden poner en el mundo. Al contrario, siguen trabajando, siguen sabiendo que la batalla, sobre todo aquella que tiene que ver con pelear contra uno mismo, es complicada y requerirá de todo su esfuerzo para conseguir convertirse en su mejor versión. Hay más, porque el concepto de humildad es muy fértil, y nunca mejor dicho. Me explico. Y para ello tenemos que atender a la etimología de humildad que es especialmente inspirador. Porque *humildad* viene del latín *humilitas*, palabra relacionada con *humus*, que en latín significa, curiosamente, 'tierra'. Es decir, podemos hacer una lectura en la que la humildad sería aquella actitud, aquella predisposición del espíritu que hace que conectemos con la tierra. Con los orígenes. Con nuestras raíces. La humildad se vincula con nuestra humanidad en contraposición a los dioses, que están lejos de la tierra, están en el Olimpo. Además, en castellano, el significado actual de humus está relacionado con la fertilidad, ya que se refiere a una parte superficial de la tierra muy fértil. Así, la humildad, más que una maniobra de ocultación y vergüenza, como a veces se nos ha enseñado a asumirla, es una fuente de abundancia. Es ser lo que eres. Todo lo que eres. Ni más ni menos, aquí y ahora. Eso es muy épico, ¿no te parece?

- **Enemigos poco comunes.** Y, para finalizar, otra de las características de este tipo de héroe son sus enemigos, que deben estar a la altura de sus capacidades y de su aventura. Cuanto mayor es el desafío, más grande parecen los enemigos a los que nos enfrentamos. Es curioso que *enemigo*, para los romanos, no significaba explícitamente 'rival', 'adversario'... aquel que quiere hacerte daño o quitarte algo por la fuerza. Significaba, simplemente, 'no amigo'. Simple y, claro, poderosamente, ya que podemos transformar ese no en un sí, convertirlo en nuestro aliado. Y, si no, pues enfrentarnos, superarlo, vencerlo y con ello coronar nuestra aventura. Sea como sea, cuando hablamos de épica, debemos tener en cuenta que, si el héroe o la heroína son legendarios, los enemigos también lo son. Pero en cualquier historia, recuerda lo que ya hemos estado viendo: los obstáculos (y un enemigo lo es) están para ser superados. Se nos presentan en el camino porque podemos derrotarlos, tenemos en nuestro interior todas las herramientas, armas, capacidades y recursos para ello. El héroe épico lo sabe. Nosotros, ahora, también.

El antihéroe

Para terminar con este breve repaso a la figura del héroe, qué mejor que el antihéroe, una versión de héroe que en nuestros días está siendo muy utilizada por creadores de muy distintos tipos. La pregunta, sin duda, es ¿por qué? ¿Qué tiene el antihéroe que hoy nos seduce tanto? Veamos. Primero, como definición, el antihéroe posee unos atributos muy poco heroicos, más propios de un villano que de un héroe de los que hemos visto en los puntos anteriores. Un antihéroe es, por ejemplo, arrogante, deshonesto, tramposo e, incluso, vicioso o vulgar.

Y aquí está la clave del porqué conectamos tanto con la figura del antihéroe. Es como nosotros. Hay poco rastro de la parte divina, como mínimo en la superficie. O, si lo prefieres, es un dios defectuoso. Una diosa con taras. Eso nos acerca, nos atrae, nos identifica. Porque por muy *anti* que sea, sabemos que es un héroe. Y que, como mínimo, a lo largo de la historia que va a vivir, va a transformarse en una versión mejorada de sí mismo. No sabemos muy bien cómo, pero va a conseguirlo. Puede que no se vuelva bueno, pero alguna luz brillará, y en ese destello veremos sus posibilidades de bondad. Arsène Lupin es un buen ejemplo de ello. El caballero ladrón es... eso, un ladrón. De guante blanco, pero ladrón. No es como Robin Hood, que roba a los ricos para dárselo a los pobres. Lupin, el maravilloso personaje creado por Maurice Leblanc, es un ladrón que roba a los ricos, y a veces no tan ricos, para dárselo a él mismo y a su banda. No existe un gran ideal detrás de sus fechorías, ni tan siquiera una subversión o rebeldía, simplemente es un ladrón. Cierto, ha hecho del robar un arte, es verdad que a veces roba a personas que en el texto se nos presentan como peores que el propio Lupin, pero eso no significa que podamos justificar los actos de este genio del crimen. Sin embargo, algo nos relaciona con él. Algo le admiramos. Su destreza, tal vez. Su dominio de las circunstancias, su pericia en el propio acto de robar y en la manera que tiene de manejar la magia del disfraz... Y, claro, ese corazón que brilla, ni que sea un poquito, detrás de tanta oscuridad. Porque no podríamos soportar que robase a un anciano desprotegido. Eso le quitaría cualquier posibilidad de salvación, de redención. Y es a esta posibilidad a la que nos aferramos los lectores y fans de Arsène. Porque nos recuerda a nosotros, que también somos héroes y heroínas imperfectos. Nos da la esperanza de que, mientras no crucemos una línea roja, nuestra luz de héroe puede brillar en cualquier circunstancia.

Aquí está la clave del porqué conectamos con la figura del antihéroe. Es como nosotros.

EJERCICIO Con la ayuda de tus propios héroes

Los diferentes tipos de héroes, así como sus diversas personalidades, carencias y poderes, pueden ayudarnos en nuestras historias, tanto las que queremos vivir como las que estamos viviendo. Porque, como has visto, cada tipo de héroe avanza de una forma particular en la historia. Así, es muy importante que tengas presente si estás siendo arrogante, si esto te precipita hacia la tragedia o, por el contrario, estás usando ese don que tienes dentro. Tal vez nada de esto, tal vez estés siendo un antihéroe y debes encontrar ese pequeño hilo ético y moral que te permite alejarte del arquetipo del villano.

Pero, claro, ¿cómo te puede ayudar todo esto a construirte un héroe, a contar con su ayuda? Pues con una herramienta que se llama el *alter ego* y que Todd Herman, famoso coach norteamericano, nos ha acercado a través de su libro *El poder de tu alter ego*. La verdad es que, cuando la descubrí, me pareció una herramienta muy interesante, por lo que la llevo siempre a mano, en mi baúl. Interesante, sobre todo porque nada de lo que dice y nos enseña nos resultará raro o nos sonará extraño y alejado. Es decir, de alguna manera seguro que ya lo has hecho, puede que con más intensidad a lo largo de tu infancia. Fíjate en la sinopsis del libro, esos resúmenes concentrados en los que, en muchas ocasiones, palpita el corazón de la idea principal del libro: «Hay solo una persona que te impide desarrollar todo tu potencial: tú, y hay solo una persona que te puede ayudar a desbloquearte. Esa persona está dentro de ti, es tu *alter ego*. Después de trabajar durante más de veinte años con deportistas de élite, altos ejecutivos y líderes de distintos campos, Todd Herman descubrió que todos ellos utilizan en algún momento un *alter ego* poderoso para ayudarles a conseguir lo imposible. No se trata de ponerse una falsa máscara, sino de encontrar al superhéroe que ya está dentro de ti. Es un sistema probado para ayudar a sobreponerse a las dudas, inseguridades y negatividades y darte el poder para dar todo lo que puedas dar».

Esa fuerza interior de la que nos habla no es muy distinta de una visualización. Pongamos un ejemplo. La chica que empieza a destacar jugando a fútbol en el equipo del colegio. Bien. Es posible que, de manera inconsciente, cuando salte al campo, ella visualice y se sienta como alguna de sus heroínas que juegan al fútbol. Porque le apasiona este deporte, porque se fija en los partidos de la Liga Iberdrola. Y entre todas las jugadoras profesionales a las que ella quiere emular está Jennifer Hermoso. ¡Guau! Esa es su heroína. Y se hace su mismo peinado. Imita sus movimientos ya no como jugadora, incluso a la hora de mover el cuello impaciente antes de que empiece el partido y la colegiada haga sonar el silbato. Se compra la misma marca de zapatillas y bla, bla, bla... ¿Te suena? Lo grande es que esta niña usará esta imagen poderosa para mejorar ella misma, para sacar todo su poder, para desbloquear todo su potencial. De alguna manera ella y Jennifer Hermoso están conectadas. Eso es a lo que se refiere Todd Herman con el poder del *alter ego*. Pero, cuidado, puede que no sea una persona real quien te sirva como espejo de héroe. Hay quien usa la figura de una pantera, de un león, de un águila... Y desde esos atributos construye su mejor versión, desata sus potenciales, deja ir su poder. Herman desarrolló esta herramienta en el ámbito del coaching deportivo. Pero se puede llevar a cualquier ámbito de nuestra vida. Te pondré un ejemplo personal, una confesión de esas tan profundas que solo se pueden escribir. Por mi trabajo tengo que hablar mucho en público. Mucho. La verdad es que acostumbro a recolectar *feedbacks* muy positivos de mi puesta en escena, pero debo decir que siempre me pongo nervioso. Antes de empezar, siempre. Y uso un *alter ego*. Un héroe de mi propio olimpo que me da los valores, atributos, movimientos, es decir, corporalidad y emociones que creo que necesito. Uso a Bowie y esa manera que tenía de estar en escena, de ser un personaje de ficción, de estar para el espectáculo. Y funciona. Y hace que me sienta seguro. Este *alter ego* me sirve para las presentaciones, pero para otras puedo usar al héroe que quiera, aquel o aquella que me puede servir. Esa es la idea.

Ahora te toca a ti. Construye tu héroe, tu heroína. Puede ser una persona real o imaginaria. Un animal o un personaje de dibujos animados. Puede ser Einstein o Naruto... Depende de ti, de lo que sientas, de lo que creas que te puede ayudar a crear la realidad que tú exiges a la realidad misma. Apúntalo en tu libreta, ese diario de viaje que ha de servirte para llegar donde quieras llegar.

ARQUETIPO O EL TIPO QUE SUELES SER

Bien, este capítulo de aquí es otro de aquellos con los que he tenido dudas. ¿Lo pongo? ¿No lo pongo? ¿Tiene que ver con todo lo que estamos hablando? ¿Puedo saltármelo e ir encarando la recta final del libro? Incluso, ¿tengo la autoridad necesaria como para hablar de un tema tan profundo, psicológico y complejo como es el universo interior y sus repercusiones en el mundo exterior como son los arquetipos de Jung? Ya ves, muchas preguntas y todas ellas difíciles de responder. Ahora bien, cuando me pasan este tipo de cosas, cuando asoman este tipo de preguntas por mi cabeza, acostumbro a recurrir a la experiencia, con la humildad suficiente como para dejar que me guíen los comentarios de todos aquellos alumnos, de todas aquellas alumnas, que a lo largo de los años me han ayudado a construir el recorrido de los talleres que imparto. Y es verdad que, al principio, no incluíamos la parte de los arquetipos. Y todo bien. Pero cuando la incorporé, a raíz de una petición concreta, fue muy inspirador. Nos sirvió a todos para seguir desentrañando los distintos papeles que desempeñamos en las historias, para ver quiénes estamos acostumbramos a ser y quiénes deberíamos ser para recorrer una buena historia. Es verdad, además, que en publicidad y marketing los arquetipos se usan mucho para la construcción de marcas. Para saber cómo hablar con tu público objetivo, qué tono usar en tus comunicaciones, desde dónde acercarte a tus clientes... vaya, desde qué lugar crear el universo narrativo que es toda marca. Así que, ¿por qué no usarlo para nosotros mismos? Cabe decir que mi visión, por supuesto, es desde ahí, desde la creación de marcas, desde la estrategia y la creatividad más que desde la propia psicología. Pero es poderosa igualmente. Además, de la misma manera que hemos visto que las emociones y las creencias tienen forma de historia, de algo que nos contamos a nosotros mismos o de algo que el mundo nos cuenta, sucede lo mismo con los arquetipos. Tienen forma de historia. Lo que quiere decir que podemos intervenir en esas historias, podemos descubrirnos y usarlas a nuestro favor. Puro storycoaching, ¿no?

Primero de todo, debo apuntar que los arquetipos se fundamentan en una de las principales teorías de Carl Gustav Jung, la del inconsciente colectivo. Seguro que has oído hablar de ello, puede que hayas leído bastante del tema, incluso. Una de las claves fundacionales de todo esto radica en entender que la teoría de Jung se contrapone directamente a la de John Locke, el empirista inglés, padre del liberalismo moderno, que estaba convencido de que el hombre nacía como una *tabula rasa*, como una pizarra en blanco e inmaculada que iba llenándose a consecuencia del impacto que en nosotros tiene el entorno, la sociedad, la relación con los otros... Jung piensa que esa *tabula rasa* no existe. Los humanos nacemos con un inconsciente en el que compartimos recuerdos e ideas. Dicho *grosso modo*, a pesar de que no nos podemos comunicar a partir de este inconsciente colectivo, podemos identificarnos y reconocer esta serie de ideas que nos enlazan. Reconocemos ciertos esquemas, por decirlo así, antes de tener la propia experiencia. Para Jung, este es el motivo por el que culturas muy diferentes y distanciadas, en ocasiones no solo en el tiempo sino también en el espacio, hayan desarrollado mitos muy similares usando esquemas similares. Esto

Los humanos nacemos con un inconsciente en el que compartimos recuerdos e ideas.

se explicaría gracias al inconsciente colectivo, desde donde, a su vez, se explican los arquetipos. Pero ¿qué son? ¿Cómo definirlos? Escuchemos al propio Jung hablar de los arquetipos: «una tendencia innata a generar imágenes con intensa carga emocional que expresan la primacía relacional de la vida humana». A pesar de que pueda parecer un poco hermética, en esta definición hay muchas de las cosas que hemos estado viendo o, dicho de otra manera, aparecen y se ponen en juego muchos de los puntos que hemos estado construyendo. Por un lado, esa generación de imágenes, poderosas y relacionales. Como el *alter ego* del que hablábamos, en el fondo y casi en la forma, un concepto muy relacionado con Jung. Por el otro, estos arquetipos tienen una fuerte carga emocional. Recuerda aquí lo que hemos visto acerca de las emociones, de la corporalidad, de esa manera de entrar en la realidad; todo ello puede, por descontado, condicionar los resultados obtenidos. Y, para terminar, cuando en la definición aparece el concepto «primacía relacional», ya podemos adivinar la importancia que va a tener, para nuestra manera de relacionarnos con los demás y con nosotros mismos, que lo hagamos desde uno u otro arquetipo. Es decir, será muy distinto relacionarme con alguien, estar en una historia concreta, desde el arquetipo del sabio a hacerlo desde el arquetipo del aventurero. Es más, seguro que, en ocasiones, pongamos un entierro, será mejor usar el de amigo o cuidador que el de bufón. Y esa es la clave, que podemos ponerlos en juego según nuestras necesidades o intereses. Porque aquí, en el territorio del arte de contar, crear y vivir tu propia historia, vamos a ver los arquetipos como una herramienta más, una muy ligada al storytelling. ¿Qué implicaciones tiene esto? Pues que los arquetipos no son una cárcel, una condena o un decreto del que no podamos escapar. Podemos cambiar. No somos, estamos siendo. Puedes estar siendo ahora un arquetipo de sabio y luego, si te interesa, usar o incorporar a tu forma de estar en el mundo características o atributos del arquetipo del amante, por poner un caso. Sea como sea, para ello, nos ayudará conocer sucintamente los arquetipos principales, los doce que propone en un principio Jung. Cada uno de ellos con sus propias maneras de ser y con sus fortalezas y debilidades. Seguro que nos pueden dar pistas, es más que probable que nos reconozcamos en algunas definiciones o que reconozcamos a algunas personas que conocemos. Además, veremos que los doce[29] arquetipos que aquí vamos a describir están, a su vez, dispuestos en cuatro grandes grupos, puesto que algunos arquetipos se orientan al cambio, otros a los demás, a sí mismos o al orden y control. Veamos.

Orientación a las personas

1 El cuidador

Del arquetipo del cuidador emana una fuerza y energía que hace que quiera ayudar a los demás, que me ponga al servicio de proteger a los míos para que nada les falte, para que nada les hiera. El cuidador se esfuerza por el bienestar y la felicidad de las personas de su entorno y sus seres queridos. Se siente bien haciendo sentir bien. No espera nada a cambio y se ofrece desinteresadamente. Para entender bien este arquetipo, piensa en todas las profesiones, o las marcas, vinculadas con el mundo de la salud, por ejemplo, o con las ONG. Como todo en esta vida, cuanto más intensa es la luz, más oscura es la sombra; así, el cuidador o la cuidadora pueden tener el riesgo de convertirse en mártires, de descuidarse a sí mismos, de dejar de preocuparse por su bienestar y, por tanto, desequilibrarse.

29 El doce es uno de los números más misteriosos y mágicos que existen dentro de las narrativas humanas. Su significado dentro de la numerología abarca la intuición, la voluntad y la unión del cuerpo, la mente y el alma. Así, el doce está presente en el número de las horas diurnas y nocturnas, en los apóstoles, en los meses del año, en los signos del zodíaco, en los dioses principales dentro de la mitología griega y en los caballeros de la mítica mesa redonda del rey Arturo... Vaya, que no nos debe extrañar que también se entienda que hay doce arquetipos principales.

Las principales características del cuidador son:

- **Propósito:** ayudar al otro, ponerse a su servicio.
- **Fortaleza:** tiene una gran generosidad y una enorme capacidad de empatía.
- **Debilidad:** el cuidador puede descuidarse y dejar de atender sus propias necesidades.
- **Temor:** ser visto por los demás como egoísta o desconsiderado con el sufrimiento ajeno.

2 El amigo

El arquetipo del amigo, o de la amiga, a veces lo encontramos bajo el nombre de «persona normal y corriente», que también sería una buena y arquetípica manera de nombrarlo. Se trata de aquella persona honesta, realista... seguro que ya estás pensando en alguien. Pues eso. Gente en la que se puede confiar porque están ahí cuando les necesitamos. Es verdad que, en ocasiones, este amigo-acompañante (me viene la imagen de Sancho Panza, el escudero) a veces puede resultar algo negativo. Un poco aguafiestas. Pero sus intenciones son buenas y le gusta sentirse parte de algo. De un grupo, de una amistad... de un proyecto. Estar en comunión. Su anhelo, por decirlo de alguna manera, es encajar.

Las principales características del amigo son:

- **Propósito:** formar parte de algo más grande que él mismo.
- **Fortaleza:** es realista, práctico y pragmático, es honesto y confiable.
- **Debilidad:** a veces puede dejar de lado sus creencias solo por querer pertenecer a un grupo.
- **Temor:** quedarse fuera del grupo, lo que puede deberse tanto a que no llega como a que sobresale desde la excelencia.

3 El amante

Tal vez aquí el nombre del arquetipo nos pueda jugar una mala pasada. Porque el amante no solo hace referencia al amor romántico, que también, sino al amor en general. El amante ama. Está enamorado del amor. Y desde esa conexión espiritual, corporal y estética se relaciona. Es sensibilidad. Es sentimiento. Es disfrute. Busca la armonía y no solo sentirse amado, sino que el otro, la otra, también se sienta amado o amada.

Las principales características del amante son:

- **Propósito:** estar en armonía con la vida y todo lo que ella incluye.
- **Fortaleza:** la pasión, la búsqueda de esa armonía y de armonizar su entorno.
- **Debilidad:** no amarse a sí mismo, enfocar demasiado hacia el otro la búsqueda del amor y soslayar sus necesidades y puntos de vista en pos de esa armonía.
- **Temor:** no ser amado.

Orientación al cambio

4 El bufón

Puede cambiar la emocionalidad de un grupo con un chiste, con un juego. Eso no quiere decir que no sea profundo, sino que usa la irreverencia y el humor como vehículos de profundas reflexiones. A veces, su papel puede ser el de escandalizar para hacer lo sagrado más accesible o, acaso, menos sagrado.

Las principales características del bufón son:

- **Propósito:** la liviandad, quitar el peso excesivo de las circunstancias a través de la risa, el humor, la broma... por más pesada que a veces nos pueda resultar.
- **Fortaleza:** el cambio positivo a través del humor, que no deja de ser una señal de vida inteligente, ¿no?

- **Debilidad:** no entender cuándo aplicar o no aplicar el humor. Ocultarse tras la risa y ser incapaz de hablar (hablarse) en serio cuando la situación lo requiere.
- **Temor:** ser considerado aburrido o falto de gracia.

5 El rebelde

El rebelde sigue los dictados de su propia conciencia. No atiende a normas establecidas y se cuestiona cualquier precepto, tanto moral como social. Se define por oponerse a todo y querer reformarlo. Es un importante agente de cambio que usa su carisma para sumar adeptos a sus rebeliones.

Las principales características del rebelde son:

- **Propósito:** cambiar aquello que no funciona, según su punto de vista, claro.
- **Fortaleza:** gran capacidad para inspirar a los demás y para detectar todo aquello que no funciona y debería ser cambiado en el mundo.
- **Debilidad:** tiene cierta tendencia a la autodestrucción y dificultad para aceptar que no siempre la posibilidad de cambio está en sus manos.
- **Temor:** no ser capaz de transformar la realidad según sus propios puntos de vista e ideales.

6 El mago

Intuitivo, inspirador y visionario, el mago provoca cambios a partir de crear algo nuevo, solo previsto por él a través de su gran capacidad de proyección. Está en constante transformación, lo que puede provocar el efecto contrario, que algo bueno se transforme en algo malo.

Las principales características del mago son:

- **Propósito:** dominar y comprender las fuerzas que operan en la transformación.

- **Fortaleza:** tiene la capacidad de hacer ver a los demás lo invisible, lo que no se ve a simple vista.
- **Debilidad:** obviamente, como supondrás, la magia del lado oscuro, es decir, la manipulación y el uso de esas energías de cambio en beneficio propio.
- **Temor:** no controlar los efectos de su propia magia, ser percibido como vulgar o terrenal.

Orientación a uno mismo

7 El héroe

Seguro que, llegados a este punto, el arquetipo del héroe ya nos resulta mucho más familiar que al empezar el libro. Sea como sea, el héroe también forma parte de los arquetipos de Jung. Aquí, el héroe se manifiesta por una gran inclinación a ayudar a los demás, a defenderlos y servirles. Porque es y se siente fuerte y, en ocasiones, con una misión que cumplir en el mundo. Insiste, resiste y persiste. Rendirse no entra en sus planes.

Las principales características del héroe son:

- **Propósito:** proteger a quienes más lo necesitan.
- **Fortaleza:** la propia fuerza, entendida como determinación y resiliencia, como hemos visto en algunas de las tipologías de héroe. Es valiente y atrevido.
- **Debilidad:** en esta búsqueda de poder y de lucha por lo que considera justo, puede llegar a ser traicionado por su propia ambición.
- **Temor:** el miedo es su temor. Ser considerado cobarde o temeroso le asusta.

8 El explorador

Vivir lo máximo posible, en un sentido cuantitativo en este caso. Esa es una característica del explorador, quien no soporta perderse nada, dejar nada por experimentar. Le gusta probar cosas nuevas, tener sensaciones diferentes y conocer lugares distintos y poco comunes. ¿En qué ámbito? En el que sea. Si antes, en el amigo, veíamos que su vocación era pertenecer y formar parte de algo, al explorador se le hace complicado estar quieto, echar raíces, sentirse parado durante demasiado tiempo.

Las principales características del explorador son:

- **Propósito:** sacar el máximo número de experiencias de la vida.
- **Fortaleza:** tiene una gran capacidad de asombro, de maravilla, de ilusionarse por lo nuevo, lo distinto y diferente.
- **Debilidad:** quedarse desubicado, es decir, sin un lugar al que pertenecer.
- **Temor:** la rutina, el más de lo mismo. La cotidianeidad.

9 El sabio

Es posible que el arquetipo del sabio se ejemplifique perfectamente en la leyenda según la cual Sócrates, encerrado en prisión a la espera de tomar la cicuta que le causaría la muerte, escuchó a otro preso tararear una canción. El filósofo le pidió que le enseñara tan preciosa tonadilla, a lo que el preso, desconcertado, le preguntó por qué si iba a morir al día siguiente. Sócrates le contestó que justo por eso, porque quería aprender una cosa nueva antes de morir. Y es que el sabio quiere saber, ama el conocimiento. Ese es su motor, la fuerza que le empuja a vivir. Gracias a su capacidad de análisis y diagnóstico, es capaz de entender lo que otros no, capaz de ver patrones donde otros solo pueden ver caos. El sabio sabe responder con argumentos. A su vez, es capaz de explicar de forma sencilla lo complicado.

Las principales características del sabio son:

- **Propósito:** entender el mundo y compartir esa comprensión con los demás.

- **Fortaleza:** la curiosidad, la inteligencia y la capacidad de transmitir conocimientos.
- **Debilidad:** la famosa parálisis por análisis, el dudar eternamente porque precisa de más información.
- **Temor:** aparecer como inculto, tonto o ignorante ante los demás.

Orientación al orden y al control

10 El inocente

Optimista, positivo, soñador... algo ingenuo, en el maravilloso sentido original de la palabra, que significa aquel que ha nacido libre y mantiene esa libertad. Tal vez, desde su latín original, podemos hacer una conexión con la libertad que tiene la infancia, tan ingenua, tan magnífica. Sea como sea, el arquetipo del inocente es sencillo y directo, busca la conexión con los demás, y, a veces, su manera de ver el mundo, como si estuviera exento de maldad, puede resultar un soplo de aire fresco. Le resulta gratificante sentirse adaptado y parte de algo. Se siente bien complaciendo a los demás.

Las principales características del inocente son:

- **Propósito:** el inocente quiere ser feliz, sentirse pleno desde esa conexión con la vida.
- **Fortaleza:** sus creencias positivas en relación con lo que acontece. Su optimismo y ese casi superpoder de ver el lado bueno de las cosas.
- **Debilidad:** como buen ingenuo, como buen niño, puede resultar demasiado confiado y caer en manipulaciones.
- **Temor:** el castigo, sentir que pierde esa inocencia y es, de repente, culpable.

11 El creador

El creador, claro, crea cosas nuevas que aún no existen y nadie ha sido capaz de poner en el mundo. Posee un talento innato para conectar ideas, una gran capacidad para descomponer los problemas y darles nuevas formas de solución. Su imaginación le sirve de fuente de inspiración. Obviamente, el arquetipo del creador, de la creadora, se encuentra en todas aquellas profesiones y actividades artísticas, culturales... creativas. Pero el creador es capaz de crear en cualquier parte. Siempre encuentra un motivo, una oportunidad para tratar de cambiar las cosas, para transformar los procesos, para encontrar el camino más extraño para recorrer la distancia entre A y B.

Las principales características del creador son:

- **Propósito:** crear nuevas cosas con un alto impacto en la sociedad.
- **Fortaleza:** la creatividad como motor de vida.
- **Debilidad:** la búsqueda de lo maravilloso, de lo fuera de lo común, puede arrastrarlo a ciertos bloqueos creativos y fases de parálisis.
- **Temor:** perder la capacidad de crear, que considera como un superpoder. Esa conexión lo es todo para él, para ella.

12 El gobernante

El arquetipo del gobernante, del líder, se caracteriza por el control. Necesita tenerlo todo ordenado, es incapaz de vivir en el caos o el desorden. Sin duda, el gobernante disfruta mandando, si bien con cierto orden y rigor. Basándose en reglas, procedimientos y todo tipo de regulaciones. Claro, quiere que se haga lo que él, o ella, ordena, pero porque está convencido de que es lo que hay que hacer y, además, sabe cómo conseguirlo.

Las principales características del gobernante son:

- **Propósito:** gobernar una comunidad próspera, entendiendo por comunidad un equipo de trabajo, una empresa, una familia, un club social...
- **Fortaleza:** se hace cargo del liderazgo y del gobierno de las situaciones.
- **Debilidad:** como sucede con todo gobernante, el uso de su poder puede degenerar en tiranía.
- **Temor:** la anarquía, la revolución que lo aparte del lugar de mando que ostenta.

Hasta aquí esta vista de pájaro, de águila, acerca de los arquetipos. La intención, como hemos visto al principio del capítulo, no es convertirte en un experto acerca de este universo tan rico, tan profundo y que brilla desde tantos ángulos, sino que te familiarices con estas figuras para que te ofrezcan pistas y las uses como fuente de inspiración. Es verdad que todos tenemos uno, dos o hasta tres arquetipos con los que más nos identificamos, con los que nos sentimos más cómodos. Sin embargo, esto no quiere decir que no podamos usar el arquetipo que necesitemos en cada una de las diferentes historias que vamos a construir. Porque estoy seguro de que, a pesar de esa inclinación natural que puedas sentir, pongamos el caso, hacia el arquetipo del creador, también has sido otros arquetipos en algunas fases o circunstancias de la vida. Seguro que, si miras, inspeccionas e indagas en tus historias del pasado, verás que en ocasiones has usado pinceladas del mago, en otras habrás puesto en juego al inocente o al sabio. Darnos cuenta de que podemos ser lo que queramos porque ya hemos sido muchas cosas y que no somos solo uno, inmutables, es el gran descubrimiento que debes hacer en términos de storycoaching.

EJERCICIO La vuelta a ti mismo en doce arquetipos

Dicho todo esto, ahora toca escribirse. ¿Hay una mejor manera de darnos cuenta de algo que no sea contándonoslo? ¿Qué mejor manera de ver que podemos usar los arquetipos como herramienta que poniéndonos un espejo delante? Pues precisamente este es el ejercicio. Abre esa maravillosa y ya mágica libreta en la que estás escribiéndote y date una vuelta a ti mismo en doce arquetipos. ¿De qué manera? Muy fácil.

Empieza por el primer arquetipo, el cuidador, y escribe alguna situación en la que hayas usado sus principales características. Intenta recordar aquellas situaciones en las que te sentiste bien, en las que usaste el cuidador porque creías que era lo que tocaba y lo que debías hacer. Explora ese camino y luego pasa al segundo arquetipo y luego al tercero y así hasta que completes los doce.

¡Atención! Si en alguno te quedas bloqueado, si en alguno no encuentras ninguna situación en la que usaste ese arquetipo en concreto, te pido que lo pienses mejor. Que, incluso, preguntes a una persona cercana si te recuerda en alguna situación en la que actuaste, pongamos, como un gobernante. Si, aun así, no obtienes ningún resultado, no pasa nada, simplemente cambia la orientación e imagínate usando ese arquetipo. ¿Cómo es? ¿Qué sientes? ¿Qué dificultades tienes para imaginarte ahí? No lo pienses, escríbelo... que no siempre es lo mismo y sin duda te dará resultados diferentes.

LOS DISTINTOS TIPOS DE VIAJE

Toda historia es un viaje. Emocional, siempre; físico, en algunas ocasiones; interior, en otras. Un viaje que nos transforma, que nos cambia. Cuando volvemos a casa ya no somos los mismos. Hemos cambiado. Tal vez por las experiencias. Tal vez por la manera en la que hemos vivido y sentido esas experiencias. Por los amigos que hemos hecho a lo largo del camino, por los aliados que hemos encontrado y que nos han brindado su apoyo y ayuda, por los enemigos y adversarios, en cualquiera de sus formas, que nos ha tocado vencer, incluso aquellos más terribles, los que habitaban, casi sin que lo supiéramos, dentro de nosotros mismos. La propia expresión gráfica de la estructura de una historia la podemos interpretar en forma de camino, de recorrido. Con sus cimas y sus valles, sus momentos de luz, en los que disfrutamos de lo que vamos consiguiendo, y sus fases de sombra, donde habitan aquellos fantasmas a los que, para seguir avanzando, debemos dejar atrás. Sí, la vida misma es un viaje de autodescubrimiento, de progreso personal, que nos ha de llevar a conocernos mejor a nosotros mismos, a ser, como ya hemos visto, nuestra mejor versión. Ahí está la clave: a lo largo de la vida debemos encontrar nuestra mejor versión. Expandir nuestras capacidades, usar los dones y talentos que tenemos, sean pocos o muchos, los consideremos más o menos poderosos, da igual. Pero todos. Sí, la vida es un largo viaje hecho de múltiples viajes. Algunos los haremos obligados por las circunstancias. Otros, impelidos por nuestros propios deseos, que, a su vez, harán que descubramos nuestras verdaderas necesidades, que nos permitirán alcanzar esa mejor versión de nosotros mismos que se esconde al final del recorrido de cualquier historia. Y seguir viajando. Y, para ello, tal vez sea de ayuda ver qué tipos de viaje existen en las narraciones, en la fantasía. De este modo, como nos pasó con las tipologías de héroe o de heroína, podemos ver de qué estamos hablando, a qué tipología de historia nos estamos enfrentando. Luego, como no podía ser de otra manera, hablaremos del viaje por excelencia tanto en términos de storytelling como de crecimiento personal. Es decir, visitaremos el esquema del viaje del héroe y de las figu-

La vida misma es un viaje de autodescubrimiento, de progreso personal, que nos ha de llevar a conocernos mejor a nosotros mismos, a ser nuestra mejor versión.

ras que nos encontraremos en su devenir. Pero antes, los distintos tipos de viaje, que se pueden resumir en:

El viaje interior

Y es que, tal y como sospechas, para viajar, en estos términos que estamos hablando, no hace falta coger ningún medio de transporte, basta con uno de transformación como es el storycoaching. El viaje interior se caracteriza por ser un viaje figurado en el que el protagonista se irá descubriendo a lo largo de la historia, buscará algo que le haga crecer, progresar, y le lleve a una nueva manera de estar en el mundo a la vez que a comprenderlo. Hay un ansia de conocimiento tanto intelectual como espiritual. Hay un deseo de búsqueda y de perseverancia en esa búsqueda. Un ejemplo de este tipo de viaje sería *Siddhartha*, de Hermann Hesse. En esta obra, de manifiesta inspiración hindú, el autor nos cuenta el viaje interior que el protagonista realiza para alcanzar la sabiduría. De hecho, tanto es así que Siddhartha significa 'aquel que alcanza los objetivos', es decir, aquel cuyo deseo ha sido satisfecho.

Sin duda, el viaje interior no elimina los otros tipos de viaje, es decir, que, de alguna manera, si el viaje ha valido la pena, si se trata de una historia que merece la pena ser contada, siempre habrá una parte de viaje interior. De transformación personal. Lo importante, de todas maneras, es entender que, por qué no, ir a comprar el pan o tratar de alcanzar un vaso de agua cuando uno está impedido puede llevarnos a este tipo de viaje y de crecimiento personal. De introspección. De esa poderosa mirada interior que puede esclarecer puntos opacos tanto del funcionamiento de la realidad como de nosotros mismos.

El viaje físico

Tal y como indica su nombre, en este viaje hay desplazamiento, hay el recorrido de una distancia física. Si en el anterior hablábamos de una distancia metafórica, una búsqueda de conocimiento, en este se trata de la búsqueda de algo físico, ya sea un objeto, un lugar o una persona. Sea lo que sea, pero que suponga un desplazamiento. ¿Quiere decir, entonces, que el viaje físico elimina la posibilidad del viaje interior? Para nada. Como ya hemos estado viendo, en toda historia, de una manera o de otra, habrá una transformación personal, habrá un viaje interior que te llevará a una mejor versión de ti mismo... Vale, una mejor versión o, simplemente, otra versión, para no poner valores morales en esa transformación. El caso es que, en ocasiones, incluso, podemos tener la sensación de que ese viaje nos ha envilecido, que hemos salido peor de lo que hemos entrado, que no solo no ha valido la pena, sino que estamos más lejos de nuestro propósito. ¿Qué hacer en estos casos? Simplemente seguir y recordar que toda historia forma parte de un todo, de la gran historia de nuestra vida. Y es por eso por lo que el tema de los temas (¿recuerdas el apartado?), nuestro gran propósito, se hace imprescindible. Porque nos marcará el camino en los momentos de flaqueza, nos pondrá de nuevo en la senda correcta en el caso de que un viaje nos haya llevado por otros derroteros. Sea como sea, el viaje físico, ese movimiento que refleja un deseo de conseguir algo, está ligado a una necesidad interior y es por eso por lo que siempre habrá esa transformación. Hay muchos ejemplos de viaje físico en la literatura, uno muy claro, que ilustra perfectamente esa relación interior-exterior, es *La carretera*, del gran Cormac McCarthy, donde un padre y un hijo emprenden un viaje por carretera en un contexto postapocalíptico. Quieren llegar a la playa, necesitan huir de las bajas temperaturas para no morir de frío y encontrar, de este modo, alguna posibilidad de sobrevivir. Así, hay un desplazamiento, obligado, pero también hay un viaje interior del hijo, ya que su padre quiere inculcarle ciertos valores morales en un mundo y una sociedad envilecidos y enloquecidos por

El viaje físico, ese movimiento que refleja un deseo de conseguir algo, está ligado a una necesidad interior y por eso siempre habrá una transformación.

una catástrofe que ha derruido todos los pilares éticos, morales; humanos. Es importante, igual que en la vida misma, alcanzar tanto el objetivo de llegar a la playa como lograr una versión de sí mismo que permita sobrevivir, si bien no a cualquier precio.

El viaje al infierno

Antes he apuntado que no todo es de color de rosa, y ya sabes que sin conflicto no hay historia, no es posible el crecimiento ni el desarrollo personal. Así que abracemos los obstáculos como a los maestros más generosos que podamos tener. Tanto es así que este viaje nos lleva de cabeza, y de corazón, al propio infierno. ¿De qué se trata? Pues depende. Tenemos dos maneras de enfocarlo. La primera, absolutamente literal, es un descenso al averno. Con sus demonios, sus diablos, sus torturas, sus seres mitológicos, a los que el héroe o la heroína tendrá que enfrentarse para regresar al mundo de los vivos. Ya sabes que el concepto de viaje implica el regreso y, en este caso, se hace muy evidente. Si el protagonista no regresa del infierno, simplemente habrá muerto y habrá sido condenado. Eso, más que un viaje, es un traspaso del mundo ordinario a ese submundo en el que habitan los tormentos.

Habrá, claro está, un cambio interior en el héroe, porque regresará del infierno con sabiduría, con una visión ampliada de lo que representa la vida, ya que ha estado en contacto con la muerte, con las aflicciones de los difuntos.

¿Y nosotros? ¿No es posible bajar a los infiernos? ¿Regresar? Bueno, esto no soy capaz de responderlo. Pero sí que hay un sentido figurado del viaje a los infiernos. Las drogas. El alcohol. El juego. Infiernos que están en la tierra y a los que muchos han viajado. El tema, lo que nos interesa como storytellers, es que, aunque seamos protagonistas de un viaje al infierno, aunque seamos, a veces, testigos o acompañantes de alguien que está viajando al infierno, podemos salir. Podemos escapar o ayudar al otro a liberarse del submundo. Entonces, desde ese punto de vista, el infierno es alegórico, pero funciona con las mismas premisas que el literario, es decir, existe la posibilidad de transformación, de crecimiento, de lucha contra los demonios y de usar todo lo que estamos viendo para crecer incluso en el infierno, que, como dice Charles Bukowski, es un lugar solitario.

El viaje mítico

Se define, principalmente, por un rito de iniciación. Es decir, una prueba para conseguir pasar de un estado a otro superior, habitualmente relacionado con la madurez, el liderazgo, la propia transformación de mortal a deidad. Tal vez pueda sonarte muy lejano, pero podemos encontrar ejemplos cotidianos que se ajustan perfectamente a este tipo de viaje, piensa si no en un examen final de carrera que, de superarlo, te lleva a ser considerado médico, por ejemplo. En la literatura medieval también podemos encontrar muchos ejemplos de viajes míticos, donde el caballero debe vencer a un enemigo mitológico, como puede ser un dragón, para alcanzar el valor, el honor, esa nueva y superior condición. De todos modos, fíjate en que no estamos hablando de cosas tan distintas. El examen final es un dragón y el dragón no deja de ser un examen final. Quien se enfrente a esta prueba deberá poner en juego todo lo que lleva dentro para superar, para superarse y pasar a una siguiente fase. Aquí tenemos una de las características principales del viaje mítico que, a mi modo de ver, lo diferencian del resto, porque aquí no hay un regreso propiamente dicho. Puede haberlo, obviamente, de manera física. El médico volverá a casa, sí, pero ahora ya será médico. Es decir, cuando pase la gran prueba, el mundo le percibirá de otra manera. Se habrá ampliado su identidad, a partir de aquí tendrá que seguir con sus viajes, ya sean de descubrimiento, de crecimiento, a los infiernos... Atraviesa, por decirlo de alguna manera, un umbral que le lleva a una nueva relación con el mundo. Ahora son los otros que ya lo reconocen como tal.

En esta tipología de viaje ha salido un concepto de vital importancia en nuestros días, por lo que vale la pena hacer un alto en el camino para reflexionar. Contaremos, eso sí, con la ayuda de uno de los filósofos más perspicaces de nuestros días, al que ya hemos recurrido en alguna que otra reflexión. Se trata de Byung-Chul Han. Se trata de los rituales y de su desaparición en nuestros tiempos: «Los ritos son acciones simbólicas. Transmiten y representan aquellos valores y órdenes que mantienen cohesionada una comunidad. Generan una comunidad sin comunicación, mientras que lo que predomina hoy es una comunicación sin comunidad. De los rituales es constitutiva la percepción simbólica. El símbolo, palabra que viene del griego *symbolon*, significaba originalmente un signo de reconocimiento o una contraseña entre gente hospitalaria (*tessera hospitalis*)». «En el marco ritual las cosas no se consumen ni se gastan, sino que se usan. Por eso pueden llegar a hacerse antiguas. Por el contrario, bajo la presión para producir nosotros nos comportamos con las cosas, es más, con el mundo, consumiendo en lugar de usando. En contrapartida, ellas nos desgastan. Un consumo sin escrúpulos hace que estemos rodeados de un desvanecimiento que desestabiliza la vida. Las prácticas rituales se encargan de que tengamos un trato pulcro y sintonicemos bien no solo con las otras personas, sino también con las cosas».[30] Han, con su capacidad de fotografiar el presente y ponernos ante un espejo, nos alerta de cómo los rituales están desapareciendo y el error que estamos incurriendo al permitirlo. Porque los rituales estructuran el tiempo, dan valor a los objetos y nos preparan mental y espiritualmente para estar más presentes en el mundo. Una vez oí, en una charla, a una de

Los rituales estructuran el tiempo, dan valor a los objetos y nos preparan para estar más presentes en el mundo.

30 Han, Byung-Chul, *La desaparición de los rituales*, Barcelona, Herder Editorial, 2020.

mis maestras de coaching decir que, si tuviésemos rituales para el divorcio como tenemos para el matrimonio, seguro que habría menos problemas y serían más amistosos y se reducirían los conflictos. En cualquier caso, aquí queda la reflexión de la estructura del tiempo a partir de los rituales.[31]

El viaje social

No podemos terminar este ligero viaje alrededor de los tipos de viaje sin hacer mención del que nos habla de lo social o también de lo moral. Es decir, cuando nos vemos obligados a recorrer la distancia que separa nuestra clase social de otra, más o menos elevada. Y no solo eso, porque el viaje social también puede tener, dentro del mismo ámbito que frecuentas, un significado de descubrimiento. Esto sucederá cuando se encienda una conciencia crítica, una nueva luz que alumbra todo aquello que está mal en el mundo, por citar a G. K. Chesterton.[32] Así, el viaje social está relacionado con los usos y costumbres de una época vistos a la luz de una conciencia que no se resigna a formar parte. Es, por así decirlo, ver desde

---

31 Un buen ejemplo de cómo funciona el ritual en términos de estructura del tiempo lo podemos encontrar en las meditaciones tibetanas, donde hacen sonar tres veces un cuenco de forma ritual. La primera es para que abandones las actividades que estabas haciendo y empieces a ponerte en sintonía con la meditación. La segunda indica la entrada a ese mundo nuevo y vacío, por eso siempre nuevo, de la meditación. La tercera y última nos invita a regresar al mundo. Una estructura del tiempo en perfecta forma de introducción, nudo y desenlace.

32 En realidad, *Lo que está mal en el mundo* bien puede verse como un espléndido viaje (¿tal vez safari fotográfico?) acerca de la sociedad británica de la época. Sin embargo, el genial autor del padre Brown nos brinda un retrato de los humanos como sociedad. En general. Lo triste es que vemos que, salvo honrosas excepciones, lo que estaba mal en el mundo en la época de Chesterton sigue estando bastante mal en nuestros días. Además, sigue, desde la distancia del tiempo ya transcurrido, advirtiéndonos de peligros que hoy están más presentes que nunca: «Todos los hombres son demócratas cuando son felices».

fuera lo que está sucediendo, los abusos que se cometen, las injusticias en las que caemos como sociedad e intentar, desde esta nueva luz, transformarla, ya que uno mismo ya ha sido transformado. Un buen ejemplo literario de todo esto que estamos viendo sería la monumental *Los miserables*, del no menos monumental Victor Hugo. A través de las peripecias de Jean Valjean, el autor no solo relata lo que sucede, sino que retrata la sociedad en la que ocurre, en la que el concepto de miseria está tan arraigado como la peor de las enfermedades. No es una novela, es un alegato y una inspiración para el progreso de la dignidad humana: «El humano sometido a la necesidad extrema es conducido hasta el límite de sus recursos y al infortunio para todos los que transitan por este camino. Trabajo y salario, comida y cobijo, coraje y voluntad, para ellos todo está perdido. (...) Parecen totalmente depravados, corruptos, viles y odiosos; pero es muy raro que aquellos que hayan llegado tan bajo no hayan sido degradados en el proceso, además, llega un punto en que los desafortunados y los infames son agrupados, fusionados en un único mundo fatídico. Ellos son "Los Miserables", los parias, los desamparados». Las cosas que están mal en el mundo, pues, no terminan por mejorar.

EJERCICIO Mi álbum de viajes

Vamos a empezar este pequeño viaje, en forma de ejercicio, con la propia palabra y su curiosa etimología. *Viaje* es un préstamo lingüístico del catalán, ya que proviene de *viatge*, que a su vez proviene del latín *viaticum*, que significa 'provisión para el viaje', que a su vez deriva de *via*, 'camino'. Ahora ya no tienes dudas de que un viaje es un camino y todo camino puede ser un viaje. Porque nos puede llevar tan lejos como al interior de nosotros mismos.

Pues bien, en este ejercicio te propongo que hagas tu propio álbum de viajes.

Escribe en tu libreta, desde este nuevo punto de vista, un viaje interior que hayas vivido. O uno social... O un viaje al infierno. Rememóralo. Reaprende y haz que emerjan a tu consciencia las enseñanzas que te mostró el camino. En qué te hiciste más sabio.

Luego, escríbete en el futuro haciendo un viaje. Uno que no has realizado aún, y que quieres hacer. Imagina que has entrado a una extraña agencia de viajes de la inspiración. ¿Cómo es tu viaje? ¿Qué aprendes? ¿Qué te llevas? ¿Qué dejas en el camino? Y, ya que hablamos de viajes, no puedo dejar de compartirte el de uno de mis poemas favoritos: «Ítaca», del inmenso Constantino Cavafis. En ese poema, el bardo griego nos advierte de que todos, de una manera u otra, viajamos a nuestra Ítaca, pero que ella no tiene nada que darnos y, aun así, no nos ha engañado porque:

> Así, sabio como te has vuelto, con tanta experiencia,
> entenderás ya qué significan las Itacas.

¡Buen viaje!

EL VIAJE DEL HÉROE

El viaje del héroe merecería todo un capítulo aparte. ¡Qué digo! Todo un libro, extenso e iluminado dedicado a este concepto que tanto ha influido ya no solo en el análisis de las historias y en el ámbito de la mitología, sino también en mundos tan separados como pueden ser Hollywood, donde ha tenido una influencia radical, o el universo del coaching, que ha dotado de clarividencia a lo que significa seguir, perseguir e insistir en un camino de crecimiento personal. Como ya ha sucedido con algunas herramientas que han salido a lo largo de nuestro viaje particular, es posible que conozcas el camino de héroe. Ningún problema. Mi intención no es enseñar nada que no sepas, que de una manera u otra no conozcas ya. Se trata de desbloquear el acceso a ese conocimiento, a esa sabiduría, al, en definitiva, contador de historias que llevas dentro. Tal vez en alguna ocasión te puede haber sorprendido la manera de presentar la idea o el concepto, puede que hayas conectado mejor o peor con el esquema que lo resume y estructura. Lo que para mí resultaría un fracaso es que no reconocieras, no te reconocieras, por ejemplo, en que en las introducciones lo que hacemos es presentar el mundo ordinario y que hay un momento en el que nos vemos obligados a cruzar esa línea que lo separa del nuevo mundo, que representa el devenir y el transcurrir de toda aventura, de toda historia o de todo viaje, como el que estamos a punto de descubrir (recuerda, quitarle aquello que lo cubre y lo oculta a los ojos de nuestro entendimiento). Y, en definitiva, esto sucede porque estamos hablando del ser humano. De cómo funcionamos para entender el mundo, en cómo nos lo contamos, en cómo podemos superar el abismo del tiempo y la distancia a través de las historias, de los cuentos, de las leyendas, de las epopeyas. Eso es humano y, por tanto, cuando se explica a cualquier humano, lo siente como verdadero, siente que esto es así. Estos factores comunes, estas maneras de explicarnos casi universales, son la tesis que propuso Joseph Campbell es su *El héroe de las mil caras*, un libro de tal impacto que la revista *Time* lo incluyó como uno de los 100 libros más influyentes desde 1923, año en que se publicó por primera vez la propia revista *Time*. Campbell profundiza sobre el concepto de monomito, término que toma prestado de la novela *Finnegans Wake* de su admirado James Joyce y le permite afirmar que todos los mitos funcionan de la misma manera, provengan de la cultura que provengan, estén separados por, como decían en la película *Drácula*, de Francis Ford Coppola, océanos de tiempo. Todos los mitos comparten estructuras y desarrollos fundamentales: «Ya sea el héroe ridículo o sublime, griego o bárbaro, gentil o judío, su aventura varía poco en cuanto al plan esencial». Esto hace que pueda cambiar el qué, los acontecimientos que acaecen, pero no lo que los sustenta. El recorrido y el viaje comparten un profundo sustrato. En la introducción del libro, que se ha popularizado por su sencillez (lo complejo de todo lo que estamos hablando es darse cuenta, contarlo es relativamente sencillo), Campbell lo resume de esta manera: «El héroe inicia su aventura desde el mundo de todos los días hacia una región de prodigios sobrenaturales, se enfrenta con fuerzas fabulosas y gana una victoria decisiva; el héroe regresa de su misteriosa aventura con la fuerza de otorgar dones a sus hermanos». Enseguida profundizaremos sobre el poder de este pasaje, antes cabe decir que uno de los grandes responsables de que el monomito adquiriera la fuerza que llega hasta nuestros días es George Lucas, el creador de la saga *Star Wars*. Lucas nunca ocultó que escribió el guion de su película siguiendo el esquema del monomito, punto por punto, desde el inicio de la llamada a la aventura hasta el retorno con el elixir del conocimiento. Habida cuenta de la repercusión de la película, el concepto de Campbell se coló de lleno en el imaginario colectivo, por una parte, y en la industria de Hollywood, por otra, donde el viaje del héroe es una herramienta fundamental para construir películas. Tanto es así que el propio Jon Favreau, el creador de *The Mandalorian*, el encargado de seguir ampliando el universo de *Star Wars*, también ha manifestado la enorme influencia que en él ha ejercido el monomito de cara a escribir historias.[33] Esto no significa que

«El héroe regresa de su misteriosa aventura con la fuerza de otorgar dones a sus hermanos». Joseph Cambpell

---

33 Como sucede con todas las cosas de esta vida, abusar de algo es perjudicial para la salud, sea física, mental o espiritual. El viaje del héroe no es ajeno a ello. Tanto es así que en la literatura fantástica y en el cine hay tal abuso de esta estructura que ya se habla del síndrome de Campbell. Brandon Sanderson así lo denuncia. Lo explica Miquel Barceló, crítico y experto en fantasía y ciencia al prologar la novela de Sanderson, *Elantris*: «Muchos escritores contemporáneos, algunos de ellos muy buenos, se han restringido a sí mismos al estándar asumido de la fantasía. Escriben relatos sobre jóvenes héroes que son llamados a

los guionistas hayan leído *El héroe de las mil caras*, pero nos podemos jugar algo que conocen perfectamente la adaptación que hizo Christopher Vogler; se trata de un informe que elaboró cuando trabajaba para Disney y que tituló *Una guía práctica para «El héroe de las mil caras»*. Este informe fue creciendo hasta convertirse en *El viaje del escritor*, algo parecido a una biblia fundacional para todas aquellas personas que se dedican a escribir guiones y otros artefactos narrativos. De cualquier manera, la intención no es convertirnos en expertos en el viaje del héroe, sino conocer y ser conscientes de esta estructura y ver que podemos usarla a nuestro favor. Para ello, a continuación, encontrarás este esquema que mezcla un poco de Campbell con la mirada sintética de Vogler:

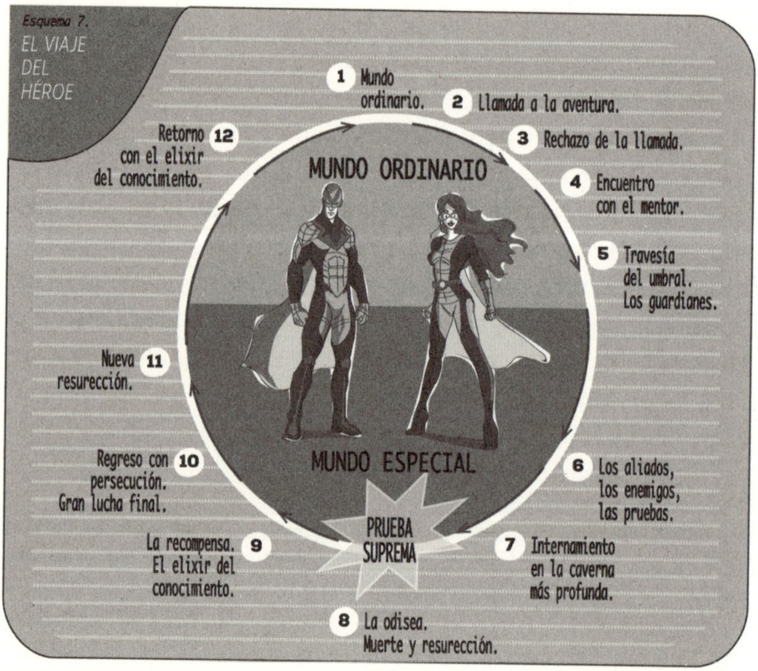

una búsqueda misteriosa, ambicionan el poder y llegan a la madurez al superar sus tribulaciones. Siguen el síndrome de Campbell paso a paso, e intentan estar seguros de que no dejan nada al margen».

Algunas cosas a tener en cuenta... para poder contarnos. A pesar de que para Campbell el viaje consta de más fases, básicamente podemos hacer referencia a doce. Otra vez este bonito número, como ya hemos visto, repleto de storytelling. Otra cosa a tener en cuenta es que la forma de este viaje siempre es circular y, como seguro que ya sospechas, el círculo representa la perfección.[34] En esta figura hay ecos de lo absoluto y de lo espiritual. Tiene lógica. Todo viaje de este tipo es un retorno a uno mismo, es un descubrimiento de la propia divinidad circunscrita en nuestro caparazón mortal. Y, para terminar, el sentido del viaje sigue el orden de las agujas del reloj. No siempre se representa de esta manera, pero a mí me suena mucho mejor así, ya que es un viaje de vida, natural, no en contra de los propios ritmos de la vida. Este viaje, de hacerlo, debemos afrontarlo acorde a los ritmos de la existencia. Dicho esto, pasemos a las etapas que empiezan por ese mundo ordinario, habitual, que, sin embargo, está a punto de desequilibrarse:

1. **El mundo ordinario.** El héroe, o la heroína, está en un momento, en un lugar, en una realidad conocida que es la suya. Se siente a gusto, puede que, a veces, como nos ocurre a ti y a mí, cómodos dentro de la incomodidad, porque ese es uno de los efectos de lo conocido, es decir, aunque no nos sintamos bien, puede llegarnos a resultar cómodo. Familiar. Todo se sujeta y se sustenta por los invisibles hilos de la rutina. Imagínate en un trabajo en el que estás a gusto, o no, pero estás. Es el tuyo. Y vas a desayunar cada día con algunos compa-

34 Si te interesa profundizar más acerca de la simbología del círculo, aquí tienes un interesante artículo de Daniel Bonet para *Cuerpo Mente* en donde podrás encontrar pistas acerca de lo que se denomina geometría espiritual: https://www.cuerpomente.com/salud-natural/simbolismo-circulo_7373.

ñeros y compañeras con los que más o menos te llevas bien, pero a quienes no verías si no trabajaras en ese sitio. Bueno, esa es la idea. Ese es el mundo ordinario donde, eso sí, está a punto de llegar...

2. **La llamada de la aventura.** La rutina, siempre aparente, empieza a resquebrajarse, a dar señales de agotamiento (pese a que la rutina quiera convencernos de lo contrario, Heráclito tiene razón y las cosas cambian. Nada es estable). Aquí viene lo importante. Alguien o algo va a traer una noticia que va a poner en marcha todo el viaje. Este alguien o algo puede tener forma de problema, de reto, de desafío, de amenaza, de deseo, incluso. Como veremos más adelante, la figura arquetípica que hace llegar esa llamada a la aventura es la del heraldo, como lo son R2-D2 o C-3PO en *Star Wars*, donde hacen llegar el mensaje de la princesa Leia a Luke Skywalker. Como sucede con Gandalf, que anuncia la gran amenaza que se cierne sobre la Comarca, o como también pasa cuando subes de tomar ese café con tus compañeros y te llaman al despacho de la directora y, de repente, te dice que estás despedido. Eso también es una llamada a la aventura con su heraldo y su invitación a que abandones la comodidad del mundo ordinario y te adentres en el mundo mágico que te está esperando.

3. **El rechazo de la llamada.** Es posible que te sorprenda esta etapa del viaje, la de la resistencia, la del rechazo a la llamada. Pero a decir verdad es tan importante como cualquier otra, incluso más. Porque de alguna manera es la etapa más inspiradora de todas. Lo que nos dice es que da igual lo heroicos que podamos llegar a ser, siempre hay un rechazo. Por miedo. Por comodidad. Por no vernos capaces de abandonar esa burbuja en la que

estamos y, al fin y al cabo, en la que nos sentimos estables. Puede haber muchas razones, pero el héroe siempre rechaza la llamada. Lo hace Luke Skywalker cuando piensa que él no está hecho para esas aventuras, y lo hacemos nosotros cuando nos han despedido y nos resistimos a creerlo e, incluso, tratamos de buscar opciones para seguir aferrados a ese tipo de vida. Es falta de confianza en uno mismo. Es no creerse que podemos crear la realidad que nos propongamos. Es sentirse solo, desamparado y pensando que no tendremos fuerza y energía suficientes como para afrontar todo lo que nos queda por afrontar. Es normal. Y, afortunadamente, esta solo es una de las partes de todo el viaje... Nada termina aquí, al contrario, a partir de este momento todo va a cambiar, y eso, principalmente, nos incluye a nosotros.

4. **El encuentro con el mentor.** Estoy convencido de que ya te has dado cuenta de que esta estructura también se puede reducir a nuestro esquema favorito, sí, el de introducción, nudo y desenlace. Pues bien, en esta etapa estamos a punto de hacer el paso de la introducción al nudo. Porque aquí, una vez rechazada la llamada de la aventura, aparece el mentor,[35] a veces también conocido como la ayuda sobrenatural. El caso es que algo o alguien empuja al héroe a aceptar esa llamada, a embarcarse en la aventura que le espera. Tal vez alguien te

35 Viene al caso comentar algo muy poderoso acerca de esta palabra, *mentor*, tan de moda hoy en día en el mundo de la empresa. Seguro que te suena el *mentoring*. Pues bien, *mentor* proviene de la *Odisea*. Méntor es el consejero de Telémaco, un hombre anciano que le acompaña en busca de su padre, Odiseo. Hay más. Porque Méntor es la forma humana que adopta la diosa Atenea para poder pasar inadvertida entre los humanos y ayudar a Telémaco. Así, en el corazón del *mentoring*, brilla un poderoso y divino arquetipo femenino.

dice que ahora están dando ayudas para aquellas personas que, habiéndose quedado sin trabajo, monten su propia empresa. A veces, es verdad, y a pesar de que la figura del mentor ya ha aparecido para guiarnos hacia el primer umbral, esa ayuda sobrenatural tiene forma de catástrofe. Ya que estamos con *Star Wars*, ten en cuenta que a Luke le matan toda su familia adoptiva, por lo que ya no tiene más remedio que embarcarse en la aventura, embarcarse en una nave espacial, en este caso. Pero no todo es tan dramático. Desde el punto de vista del storycoaching, lo que debemos ver es que, si sabemos mirar, si sabemos buscar, aparecerá la ayuda. El mentor. Y su papel es, ese, acompañarnos para que podamos seguir avanzando.

5. **La travesía del umbral. Los guardianes.** Ahora sí que estamos a punto de dejar atrás el mundo ordinario y adentrarnos en el poder de la magia de lo desconocido. Veamos. El heraldo (recuerda, puede ejercer de heraldo tanto una noticia como un acontecimiento, un deseo o una llamada, al fin y al cabo) ha desequilibrado la falsa sensación de control del mundo ordinario y familiar. Hemos rechazado la aventura, aunque ha aparecido el mentor, esa ayuda que parece sobrenatural. Se produce, por decirlo así, una sincronía que hace que digamos sí, que nos aventuremos. Pero aún seguimos en nuestro mundo ordinario y, para abandonarlo, deberemos cruzar el umbral. Dejar atrás lo conocido, la seguridad y lo familiar. Ese umbral, en muchas películas, es muy literal, y si te fijas a partir de ahora podrás reconocerlo. Hay unas figuras arquetípicas en esta fase que vale la pena que nos detengamos a comentar. Son los guardianes del umbral, que, en un primer momento, no permiten al héroe cruzar, se lo ponen difícil. ¿Son enemigos? No siempre. En muchos casos sola-

mente son como guardias de discotecas, que te paran en la puerta y te dicen que no puedes entrar por este motivo o por este otro. No sé si has leído o visto Harry Potter. Si no es así, te recomiendo, claro, que empieces primero por el libro. No haré *spoiler*, solo te diré que, cuando Harry ya acepta la llamada de la aventura y se dispone a cruzar el umbral, le es complicado y hay un guardia de estación, *muggle*, por supuesto, que parece que se lo va a impedir. De hecho, para Harry no es nada sencillo cruzar al andén 9 ¾ y ha de hacer casi un acto de fe. Eso es cruzar el umbral. Pero puede ser que, siguiendo con ese ejemplo en el que estábamos de heroicidad cotidiana, has decidido ir al centro de emprendedores, pongamos el caso, a informarte sobre cómo funcionan esas ayudas o a enterarte de qué debes hacer para convertirte en emprendedor. Pues bien, cuando cruces esa puerta, estarás adentrándote en el mundo mágico y desconocido, y puede que te encuentres a algún guardián del umbral y te pida papeles que no tienes, informes que desconoces o lo que sea. El caso es que el héroe inteligente convierte esos guardianes en aliados. No lucha contra ellos. No quiere vencerlos, no se enfrenta a ellos, se hace amigo porque luego, más adelante, puede que los necesite y le sirvan de ayuda. En este viaje que es la vida siempre es mejor tener aliados, personas que están dispuestas a echarnos una mano, que enemigos. Así que, cuando estés a punto de pelearte o enfadarte con un guardián del umbral, piensa en cómo puedes convertirlo en tu aliado, una figura que a partir de este momento va a tomar mucha relevancia.

6. **Los aliados, los enemigos, las pruebas.** Tenemos a Harry Potter en el andén que lleva a Hogwarts y allí empezará a descubrir tanto aliados como adversarios. Ron, Her-

mione... pero también a Malfoy, su némesis. Esta es la gran función de esta parte del viaje del héroe, es decir, ponernos en situación, encontrar a los aliados y detectar a los enemigos o adversarios, que también los habrá. Además, en este punto, una vez que hemos cruzado el umbral, empezamos a conocer las reglas de este nuevo mundo en el que nos adentramos; por tanto, deberemos estar atentos y permanecer humildes para entender cómo funciona, qué está permitido, qué no, qué podremos cambiar y qué es mejor dejar tal y como está. También empezaremos a entender que muchas de las aptitudes y capacidades que teníamos y que nos funcionaban en nuestro mundo ordinario aquí ya no tienen relevancia. No nos van a servir, por lo que ya entrevemos que vamos a tener que desarrollar nuevas armas y maneras de afrontar los problemas y desafíos que se nos van a ir presentando. Y es en esta parte del viaje que empiezan las primeras pruebas o, si lo prefieres, desafíos que nos pondrán a prueba. ¿Su propósito? Ese que acabamos de comentar, que nos demos cuenta de que no sabemos aún. De que no estamos preparados. Y muchas veces las pruebas están precisamente para eso, para saber en qué estamos preparados y en qué no. Para calibrar el estado de la nueva situación y a nosotros mismos en relación con esa nueva situación. Si bien hemos ya abandonado nuestro mundo familiar, ahora debemos ir familiarizándonos con el mundo mágico.

7. **El internamiento en la caverna más profunda.** Vamos avanzando en el viaje, nos encontramos enfrentándonos a pruebas, estrechando lazos con nuestros aliados, conociendo mejor a nuestros enemigos. Ya sabemos que no va a ser un camino de rosas, pero también empezamos a ser conscientes de que este camino tiene mu-

cho que ver con nosotros. Que, de alguna manera, es nuestro y que, por tanto, vamos a tener que poner mucho de nosotros mismos para superar esta aventura. Y es así como vamos avanzando, consiguiendo nuestros primeros logros, sufriendo nuestras primeras derrotas, pero, sobre todo y lo más importante, vamos aprendiendo del mundo en el que estamos y de nosotros mismos. ¿Recuerdas lo de que CREAR es CREER? En esta etapa vamos adquiriendo nuevas creencias, nuevas maneras de entender la realidad. ¿Cómo no iba a ser así? ¡Estamos en una nueva realidad! Sigamos con nuestro ejemplo. Imagina que ahora ya hemos decidido que sí que vamos a ser emprendedores. Tenemos una muy buena idea que nos llena y dice de nosotros. Y vamos avanzando en ese camino, haciendo cosas que antes no nos veíamos capaces o, simplemente, las considerábamos muy alejadas de nuestras capacidades. Ahora ya no. Poco a poco nuestra nueva empresa, pongamos de servicios de storytelling, va tomando forma. Tenemos nombre, logo, aliados, algo de financiación. Para conseguir estas cosas hemos hablado con amigos que nos han puesto en contacto con otras personas y que nos han permitido desarrollar la imagen gráfica de la compañía y hasta nos han asesorado en lo que debería ser un plan de negocio. Bien, eso es avanzar. Pero, cuidado, porque en todo avance vamos a encontrar nuevos retos y dificultades, así que no nos confiemos. Y menos en este punto del trayecto, ya que, sí o sí (o como mínimo siguiendo el esquema de Campbell), nos estamos acercando a la cueva más profunda. Hacia una gran crisis.

8. **La odisea. Muerte y destrucción.** También la podemos llamar la gran crisis, la prueba difícil, traumática, desesperante. ¿Qué es lo que aquí ocurre? El héroe se enfrenta

a su primera crisis. Y aquí crisis se eleva en todo su sentido etimológico, porque *crisis* significa 'decisión', nos acerca al concepto de separar. Por lo que una crisis es ese momento en el que se va a tomar una decisión que lo va a transformar todo. Algo ocurre que nos obliga a morir y a renacer. Sí, el concepto de muerte, desde la perspectiva de dejar atrás lo que estábamos siendo para renacer siendo de otra manera, está muy presente en todo este viaje. Obviamente no es morir en el sentido literal del término, pero sí como la única posibilidad para nacer en otra forma de vida más acorde con nuestras expectativas.

En esta gran prueba, de carácter, de espíritu y de determinación, deberemos usar todo lo aprendido hasta el momento. Para eso hemos ido cosechando pequeñas victorias y derrotas. Este es un punto crucial. Aquí se pone en juego todo lo que uno ama, valora y ansía. Pero si está, está para ser superado. Para darnos esa posibilidad de renacer y de desarrollar nuestro héroe, nuestra heroína interior. En el caso de esta empresa que ofrece servicios de storytelling, imagina que, a pesar de los primeros éxitos, de las primeras victorias, de repente hay problemas de financiación o te topas con la resistencia de la familia, lo que llega a poner en jaque todo el proyecto, o, simplemente, que los números no salen y los balances indican que tienes que cerrar la recién abierta empresa. Sea lo que sea, va a ser una prueba difícil, pero superable, claro, porque de lo contrario no habría historia.

9. **La recompensa. El elixir del conocimiento.** Dejamos atrás la etapa más oscura, aunque a la vez transformadora. Ahora la crisis te ha transformado. La prueba ha sido superada y salimos muy distintos de como entramos y, lo que es mejor, con una recompensa. El héroe, la he-

roína, siempre sale con una recompensa de este primer enfrentamiento con la muerte. Esta recompensa puede tener forma de regalo, de objeto propiamente valioso, pero también de aprendizaje, de visión del mundo, de nueva sabiduría, de nuevas relaciones y aliados, incluso. Porque la recompensa, tome la forma que tome, nos va a servir para todo lo que queda por delante. Para seguir afrontando el viaje, pues aún le quedan partes, aún nos faltan etapas por completar. Si seguimos con el ejemplo de la empresa de storytelling, aquí la recompensa puede ser un nuevo modelo de negocio que se ajusta mejor a las necesidades del mercado. O puede ser que, después de haberte enfrentado a una crisis familiar, hayas incorporado en el equipo a tu marido, a tu mujer o quien sea... Eso es una recompensa también. El caso es que ahora, recompensados y renacidos en nuestras ganas, energías y expectativas, seguimos, y lo hacemos con esa confianza, determinación y autoestima de quien ha navegado durante una tormenta y ha conseguido seguir a flote.

10. **El regreso con persecución. La gran lucha final.** ¿Podemos seguir? ¿Adónde? ¿Cuál es el destino del viaje? Pues, como ya hemos dicho en alguna ocasión, el destino es regresar. Sin regreso no hay viaje. Viajar es regresar, siempre. Si no, no es viaje. Es una vida nómada, que también puede tener sus valores, pero aquí no. El héroe siempre vuelve a casa. Es cierto que, en el esquema completo de Campbell, siempre hay una reticencia a regresar, la tentación de seguir en el mundo mágico. De la misma manera que antes hemos rechazado la llamada a la aventura, y eso forma parte consustancial del viaje, también es cierto que existe siempre la tentación de no abandonar el mundo mágico. Pero hay que regresar. Porque, después de todo, la gran finalidad de este viaje

no es solo transformarse, sino transformar a su vez la comunidad a la que perteneces. Mejorar, de una manera u otra, tu mundo ordinario, tu vida anterior. Esa es la función de los héroes... Los héroes sirven a la comunidad, en el doble sentido de servicio y de ser útil. De otra forma serían, o bien dioses alejados de los problemas, encerrados en su olimpo, o bien villanos preocupados solamente por ellos mismos y que usan todo el poder acumulado a su favor. El servicio es lo que define a un héroe. Por eso debe, sí o sí, regresar a casa. A su vida ordinaria. Con los suyos y con su comunidad. Pero antes de llegar...

11. **La nueva resurrección.** Antes de llegar hay la prueba final. El enfrentamiento final con la muerte, sí, la muerte otra vez, aunque distinta de la primera. En esta ocasión ya estamos transformados, ya no somos la misma persona que entró en el viaje, sabemos más cosas, tanto de la vida como de nosotros mismos. Tenemos claras ya no solo nuestras alianzas, sino también cómo usarlas y las dinámicas para aprovecharlas de la forma más conveniente. Además, también somos conscientes de nuestro poder y, lo que es más importante, sabemos cómo usarlo. Hemos incorporado sabiduría, capacidades y habilidades. Sin embargo, todo esto, para ser refrendado, necesita de un examen final. De una prueba definitiva y definitoria, porque va a definir nuestro destino y va a terminar por despojarnos de todo aquello ordinario, digámoslo así, que aún pudiera quedar en nosotros. Partimos con una forma y regresamos con otra. Una nueva versión de nosotros mismos que puede vencer hasta los enemigos más terribles, aquellos que antes nos daban miedo y que jamás pensábamos que pudiésemos superar. Ahora esto no es así. Creemos. Y vencemos. Es, para seguir el ejemplo de Harry Potter en

su aventura de la piedra filosofal, cuando pelea con el profesor Quirrell y le derrota y, así, empieza a vencer a Voldemort, ¿recuerdas que está escondido detrás de su cabeza? Bueno, si no has leído el libro, no pasa nada. Uno, te lo recomiendo. Dos, aquí hablo solo del primer volumen, pero, obviamente, el viaje del héroe de Harry Potter se reinicia en cada uno de sus libros, habiendo un viaje superior que le lleva a la última y gran confrontación con aquel que no puede ser nombrado. Pero el esquema circular es el mismo. Y es en cada una de las aventuras, en cada pequeño viaje del héroe, que Harry completa su total transformación. Nosotros igual. Todo es magia en este viaje.

12. **El retorno con el elixir del conocimiento.** Hemos salido de nuestro mundo ordinario, a veces a golpes porque nos han despedido de ese trabajo del que, seamos sinceros, nosotros mismos ya nos habíamos despedido hacía tiempo. Nos hemos negado, cargados de miedos y dudas, a aceptar esa llamada, y, sin embargo, gracias a mentores, con esas ayudas sincrónicas a veces y siempre divinas, hemos conseguido adentrarnos en un mundo mágico lleno de posibilidades. Hemos cruzado los umbrales, hemos peleado y, en ocasiones, por supuesto, nos han derrotado, pero siempre hemos salido victoriosos porque en cada una de esas derrotas nos hemos levantado y decidido seguir adelante. Así no hay quien pueda ser vencido, claro. Lo crucial es que, en las victorias y en las derrotas hemos tenido que morir, es decir, dejar de ser aquello a lo que tanto nos aferrábamos. Para ello, una vez más, hemos podido contar con nuevas alianzas que nos han completado, que nos han acompañado a lo largo de este largo camino. Y eso también merece una reflexión. Dejarse acompañar, contar con los otros y saber contar con

ellos, es crucial. Hay un proverbio africano que a mí me gusta mucho y que dice que, si quieres ir rápido debes ir solo, pero que, si lo que pretendes es llegar lejos, deberás ir acompañado. Y en este viaje del que hablamos queremos ir lejos, tan lejos como solo puede ir una persona que regresa a sí misma, a su comunidad, y lo hace totalmente transformada y en posesión de ese elixir, esa recompensa que usará en beneficio de esa comunidad desde la que partió. Ya hemos hablado de ello. De lo que no hemos hablado es que, para ello, el héroe, la heroína, deberá encontrar su lugar, su nuevo sitio en esa comunidad. Ya no es el mismo, así que ya no tendrá el lugar que tenía. Deberá saber encontrar un nuevo rol, unas nuevas funciones que se adapten a él, claro, pero también a la comunidad de la que estamos hablando. Y no siempre pasa. Me viene a la cabeza, ahora, Frodo, ya sabes, de *El Señor de los Anillos*, cuya transformación, después de haber partido de la Comarca, ha sido de tal calibre que ya no sabe cuál es su lugar y siente que de alguna manera ya no pertenece a ese orden social establecido que es cualquier comunidad. Es por eso por lo que decide partir, irse con los elfos. ¿De qué elixir estamos hablando aquí, en esta historia? De la paz. De la luz. Es haber conseguido vencer y desvanecer la oscuridad que amenazaba con anegar todo el mundo conocido. Pero él ya no encuentra su lugar. No le es posible seguir vinculado a su comunidad. Acaba partiendo y dejando atrás su vida en la Comarca. Obviamente, no somos Frodo y, aunque puede suceder, no siempre es así. Lo que sí veremos que suele suceder es que deberemos encontrar la manera de readaptarnos. Si seguimos con nuestra ya famosa empresa de servicios de storytelling, que nos ha acompañado a lo largo de varias etapas de ese esquema simplificado del héroe, el elixir es ofrecer algo de valor al mundo. Unas nuevas herramientas y conocimientos, un propósito que ponemos al servicio de la comunidad y de la gente. Lo hemos hecho de verdad, desde el corazón. El amor, de alguna manera, está a lo largo de todo este viaje del héroe. Y ese amor nos ha servido para avanzar y para llegar hasta aquí, hasta tener una empresa que goza de éxito. Y, cuidado, aquí éxito no podemos traducirlo como un simple balance de resultados. No. El éxito[36] es hacer algo de valor y que la gente lo reciba y lo perciba con el mismo amor. En ese equilibrio está el éxito, el verdadero, el transformador. Y desde aquí, desde esta historia que hemos vivido, nos hemos convertido en emprendedores, en propietarios de una empresa que funciona, y nuestro lugar en el mundo ha variado porque nosotros también hemos cambiado.

---

36 Es muy curiosa la etimología de la palabra *éxito*, que proviene del latín *exitus* y significa 'salida'. En inglés, como habrás visto en lo alto de muchas puertas, *exit* significa, literalmente, 'salida', pero en castellano ese *exitus* ha llegado a nuestros días como *éxito*, *triunfo*, un concepto cercano a la victoria. Sin embargo, ¿qué es el éxito sino salir de la aventura de la manera que nos habíamos propuesto? ¿Con el resultado esperado? Porque, de lo contrario, de no salir transformados y acordes a nuestros ideales de vida, estaríamos hablando de *fracaso*, derivado del latín *frangere*, que significa 'estrellarse', 'romper'. Por tanto, éxito es salir bien (y no solo económicamente) y fracaso es salir estrellándonos. Puede que este pequeño viaje etimológico amplíe y te permita distinguir tus concepciones de éxito, o eso espero.

EJERCICIO ¿Aceptas la llamada?

Por más que te expliquen el viaje del héroe no lo comprenderás a no ser que lo hagas por tu propia cuenta. Es verdad que no es sencillo y que hay muchas etapas que pueden dar un poco de miedo, de «yo no sé si estaría preparado para esto». Es por eso que hay que vivirlo. Y, para ello, una de las cosas en las que sí debemos poner especial atención es en la etapa de la llamada y en la del rechazo a la llamada. ¿Cuántas aventuras se han quedado por vivir, cuántas historias no pueden ser contadas, simplemente porque el héroe, la heroína, o bien rechazó la llamada, o bien ni supo reconocer que estaba ante la llamada a una gran aventura? Pues bien, como siempre, el pasado puede ser nuestro gran maestro. Así que, toma tu libreta, tus recuerdos, tu capacidad de análisis, y piensa en aquellas ocasiones en que has rechazado la llamada. En aquellas veces en que te has dado la vuelta y has decidido no moverte de tu mundo. ¿Qué crees que te has perdido? ¿Repetirías ese rechazo? ¿Cómo lo vivirías ahora? Es más, ¿hay posibilidades de vivir, hoy, esa aventura? Reflexiona también acerca de la figura del mentor y de la ayuda sobrenatural, de esa sincronía, de esa ayuda divina que, o bien no se dio, o bien no supiste reconocer que estaba allí por ti. Insisto en que esta parte es crucial, el resto, todas las demás etapas, dependen de ella, de que te aventures, de que superes las dudas y los miedos. De que aceptes la llamada.

SI QUIERES LLEGAR LEJOS EN TU VIAJE...

... deberás ir acompañado. Sí, ya hemos citado ese extraordinario proverbio africano que nos invita a ir acompañados, a contar con los demás para poder llegar lejos. Y en este contexto «lejos» no es una mera acumulación, una simple distancia, qué va. Aquí «lejos» tiene mucho más que ver con completar el trayecto, la aventura. Con completarse en el viaje. Y eso no lo podemos hacer solos, por la simple razón de que la vida es un deporte de equipo. Es una suma de universos narrativos que se cruzan, se entremezclan, se completan. Sí, otra vez completar, completarse. Recuerda aquello que hemos dicho. Toda historia, todo cuento, representa un deseo del protagonista. Y el deseo es la falta de algo, la carencia. El protagonista desea una cosa sin la cual siente que no va a poder ser feliz, o, si no queremos poner el acento ahí, podemos decir que cree que al conseguirlo habrá logrado estar más acorde a sus valores, metas, propósito. No deja de tratarse de una carencia. Dios no tiene historia. Porque tampoco vive en el tiempo ni desea ni necesita nada. Esta es la cuestión. Dios no, pero nosotros sí. Por eso el viaje. Por eso la historia. Por eso el cuento. Lo mejor de todo es que esa búsqueda no la vamos a hacer solos. Necesitamos ayuda, necesitamos a los demás, en los que, es más que posible, descubramos esas partes que a nosotros nos faltan, esas piezas que completarán el puzle. Pero todavía hay más. Porque, en la globalidad de todos los universos narrativos, todos y todas vamos a desempeñar todos los papeles. Sí, todos. Me refiero a que es verdad que en ocasiones estaremos recorriendo nuestro viaje del héroe. Pero en otras jugaremos otros papeles en los viajes de los demás. No siempre vamos a ser héroes o heroínas. A veces seremos, para alguien, el mentor que ayudará a cruzar el umbral. O el aliado. O el guardián del umbral, por qué no. Y no solamente eso, también el antagonista, el enemigo e, incluso, el villano. Desde mi punto de vista, esta es la gran lección de humildad que nos da el storytelling entendido como crecimiento personal. Ese es el gran tesoro escondido que brilla con fuerza en su interior, accesible para todas aquellas personas que se atrevan a bajar a las profundidades de sí mismas, de sus propias historias. Somos, no hay duda,

Todo cuento representa un deseo del protagonista. Y el deseo es la falta de algo, la carencia.

los protagonistas de nuestras historias. Pero no somos, para nada y en ningún caso, los protagonistas de las historias de los demás. Del otro. Las historias nos unen. Y, desde un punto de vista humano, configuran un todo universal. Aquí, espero, con un propósito superior. El gran tema de los temas. Pero quién sabe. Lo que sí podemos saber es que ni podemos hacer el viaje solos ni estamos solos en el mundo. Así que será bueno repasar cuáles son las figuras principales que nos encontraremos a lo largo del camino para, a su vez, conocer en qué figuras nos convertiremos en los viajes ajenos, para, llegado el caso, ser conscientes de qué papel y función tenemos que desempeñar, y si estamos dispuestos o no; si queremos estar a la altura o, simplemente, apartarnos del camino del otro.

El mentor

Ya hemos visto de dónde proviene esta palabra tan de moda en nuestros días. De ese anciano llamado Méntor que es la forma humana de la diosa Atenea. La historia de la propia palabra nos revela algunas realidades del mentor. Primero, que, para quien puede contar con la sabiduría del mentor, se trata de una ayuda casi divina. Porque le guía y le aconseja, le eleva por encima de los conocimientos que tiene, a la vez que desbloquea el acceso a otras capacidades que ni sospecha que tiene, pero que de alguna manera laten en su corazón. La relación entre aprendiz y maestro es de entrega, generosidad y amor. Además, como ya hemos visto a lo largo del viaje del héroe, el mentor es clave tanto para que el héroe o la heroína acaben tomando la decisión de salir de su mundo ordinario como para introducir al héroe en esa nueva realidad y cruzar el primer umbral. Así, debemos estar atentos y en búsqueda de nuestros posibles mentores, de aquellas personas que nos pueden ayudar y que serán capaces de transmitirnos su sabiduría. Es posible, incluso, que si nos sentimos atrapados en ese umbral de la vida en el que parece que nada avanza, que la vida no se mueve y nos sentimos atrapados e inmovilizados, busquemos a la persona que pueda hacernos de mentor. Busquemos a esa diosa encarnada en un anciano, no por su edad, sino por todo lo que nos puede transmitir.[37] No hay una sola persona que haya triunfado en la vida que no haya tenido un mentor, un maestro, una maestra, que le empuje a elevarse por encima de sí mismo.

El heraldo

Igual que siempre hay un mentor, también hay un heraldo que trae consigo la llamada a la aventura. El heraldo pone en marcha los mecanismos de la historia. Con su mensaje, con sus noticias que vienen de fuera del mundo ordinario, lo que provoca el heraldo es el desequilibrio. Sin el heraldo no hay posibilidad de viaje, ni de historia ni de transformación. Por tanto, hemos de estar muy atentos a los posibles heraldos que traen consigo las noticias. No matar al mensajero, sino ver más allá y entender qué es lo que puede significar ese mensaje para nosotros, sobre todo en términos de aventura. Y, a su vez, debemos tener muy presente que cualquier cosa puede hacer las funciones de heraldo. No solo una persona con un mensaje. Un acontecimiento, pongamos, como que el calentador de nuestra casa se estropee y deje de funcionar, puede ser un heraldo que nos diga que, tal vez, ha llegado el momento de cambiar de vivienda. Este ejemplo, así suelto y sin el contexto que siem-

---

37 El universo de las artes marciales es tremendamente rico en todo lo referente a storytelling y narrativa. No es casual, ya que todo, desde los cinturones hasta la posición de las manos, tiene un significado y un sentido ritual que deberá ayudar al alumno a armonizar el cuerpo y la mente para ser un gran luchador no solo en el tatami, por supuesto, sino también en la vida. La gran batalla. Así, la figura del maestro se llama *sensei* y significa 'el que llegó antes'. Sí, puede ser anciano como Méntor, pero también puede ser mucho más joven que tú y que yo, lo que sucede es que, como llegó antes a la maestría de las artes marciales, puede enseñarte o, mejor aún, desbloquear el conocimiento de la armonía que habita en tu interior.

pre ofrece una historia completa vista desde arriba, nos sirve para explicar que debemos tener una lectura más amplia y profunda de los acontecimientos. La vida, lo mágico, a veces se esconde en esos sucesos que en un primer momento se nos antojan simples fastidios. Sea como sea, también está el otro lado del heraldo, es decir, cuando nosotros, con nuestras noticias y nuestras palabras, nos convertiremos en heraldos de otros héroes, de nuevas heroínas. Así, sabiéndolo, puede que tengamos más cuidado con aquellas cosas que lanzamos al mundo por medio de nuestras palabras, porque ahora sabemos del poder del heraldo. Y, ya que estamos hablando de héroes, no viene mal recordar la frase más famosa que se ha dicho nunca en el ámbito de los superhéroes, aunque no la dijera uno de ellos, sino su tío, el tío Ben de Peter Parker: «Un gran poder conlleva una gran responsabilidad».

El guardián del umbral

Esta es otra figura de vital importancia. Hemos pasado por encima en alguna de las etapas del viaje del héroe. Sabemos, por tanto, que el héroe inteligente, el más audaz, no se enfrenta a los guardianes que le cierran el paso al mundo mágico, sino que consigue convertirlos en aliados. ¿Cómo? Casi siempre haciendo algo por ellos, usando la amabilidad y tratando de entenderlos antes de emprenderla a trompazos. Este no es un texto acerca del poder de la amabilidad, pero te aseguro que es el gran poder que tenemos a nuestro alcance. La mejor manera de atravesar este umbral, y en realidad cualquiera, es con la amabilidad. ¿Por qué? Porque sin duda es la mejor manera de sumar a los demás a nuestra causa, hacerles comprender, entendiéndoles primero a ellos, que lo que ansiamos es de gran importancia para nosotros. Además, el storytelling que encierra la palabra *amabilidad* es tremendamente amable, veamos. Porque proviene del latín *amabilitas*, que significa 'cualidad de inspirar o merecer amor'. O sea, que alguien que se comporta con amabilidad para con los demás está actuando como si mereciera ser amado, como si pudiera, en el otro, inspirar amor. Un amor, claro, que será la llave para cruzar ese umbral. Si aún te queda alguna duda del poder de la amabilidad y de que el gran problema del mundo de hoy en día es la falta de amabilidad que se respira por donde quiera que uno meta la nariz, tal vez te convenza esta extraordinaria cita del extraordinario Kurt Vonnegut:[38] «Bienvenido a la Tierra. En verano hace calor y en invierno hace frío. Es redonda y está llena de agua y de gente. Como mucho, Joe, vas a estar aquí unos cien años. Que yo sepa, aquí solo hay una norma: ¡Por Dios, Joe, tienes que ser amable!». Esa amabilidad es de ida y vuelta, lo que significa que, cuando nosotros detectemos que estemos siendo el guardián del umbral para una persona que quiere abandonar su mundo ordinario, seamos amables también. ¿Quiere decir esto que el guardián del umbral siempre debe dejar pasar a aquel aspirante que desea completar su propio viaje del héroe? No, para nada. A veces, simplemente, ese no va a ser el umbral por donde pasar. O puede incluso que no esté preparado para cruzar al mundo mágico por ahí. O que, aunque crean que sí, el héroe o la heroína aún no están preparados para cruzar. Lo que digo es que seamos amables como guardianes.

---

38 Esta cita proviene de su libro *Un hombre sin patria*, un texto brillante y divertido lleno de sentido del humor, pero donde lanza dardos muy afilados a su país, los Estados Unidos, y a las políticas que están llevando a la sociedad al empobrecimiento sistémico a la vez que precipitan el planeta a la destrucción. Vonnegut sería un buen representante del arquetipo del bufón, aquel que a través del humor y la risa quiere provocar cambios substanciales en su entorno. Para mí, él escribió uno de los libros más bellos, duros y delirantemente divertidos acerca de las atrocidades que se cometieron al final de la II Guerra Mundial: *Matadero cinco*, un testimonio antibelicista de un hombre que vivió los bombardeos de Dresde en primera persona, escondido en un matadero mientras llovían bombas del cielo.

El bufón

Esta es una figura muy utilizada en las películas, sobre todo en las infantiles, donde acostumbra a desempeñar un papel clave, porque con sus bromas aligera el peso dramático de la historia. Le da, por decirlo de alguna manera, un respiro para que el espectador tome aire y pueda volverse a sumergir en la historia, acompañando al héroe en sus batallas. Para nuestra vida, para aquellas historias que nos contamos y que viviremos, el humor también es de una importancia crucial. No podemos olvidar que el ser humano es el único capacitado para el humor. Nunca verás a una garza contándole un chiste o haciéndole una broma a otra. Y es que el humor nos hace humanos. La risa, la provocada desde la broma, desde la confusión, el juego de palabras y el malentendido, tiene grandes beneficios en el organismo y cada vez son más los estudios que demuestran que una vida sana requiere de sus dosis de risa. Porque reduciremos el estrés, beneficiaremos la propia salud del cerebro potenciando las zonas del aprendizaje y la comprensión, y, claro, conectaremos más con la vida, el aquí y el ahora... con lo que seremos más felices. Con todo esto, pasando por encima como si estuviésemos haciendo surf, ya puedes entrever la importancia del bufón. De su papel para aligerar las situaciones. Asimismo, desde esa irreverencia propia del arquetipo, también invita a la reflexión. Las bromas hay que tomarlas muy en serio. Con el bufón hay que reír primero, pero aceptar el reto y pensar, pensarnos desde otro lado. Y, si en otra historia nosotros somos (o necesitamos ser) el bufón, no olvidemos ese poder que tiene una reflexión lanzada desde la broma, desde la liviandad del chiste o la ocurrencia.

El humor nos hace humanos. Una vida sana requieres de sus dosis de risa.

El camaleón, la figura cambiante

Otra de las figuras clave que existe en todo viaje es la del camaleón, la de la figura cambiante. ¿Con qué conecta? Desde un punto de vista espiritual, con la propia transformación, con la inestabilidad que sentimos a lo largo del camino. Es cierto que, en términos cinematográficos, la figura cambiante se manifiesta en términos de atracción sexual. Es decir, el héroe o la heroína siente una atracción hacia otra persona, se lanza a esa particular aventura, pero no acaba de tenerlo claro. No es capaz de entender los cambios de actitud de la persona deseada. A veces parece tan cerca y de repente tan lejos... Seguro que nos sentimos identificados con este baile de seducción en el que uno nunca acaba de entender las señales ni leer bien el contexto. Sea como sea, la figura cambiante no se limita solo a la atracción sexual; tal y como indica su nombre, se da siempre que no sabemos si aquella persona va o viene. No estamos seguros de si podemos fiarnos o no. Si es lo que aparenta o esconde alguna cosa. Sin duda sospechamos que algo no va bien, y ya sabes que siempre hay que hacerle caso al olfato o, como mínimo, entender que debemos indagar. ¿Cómo? Pues a veces simplemente exponiendo nuestras dudas a aquella persona. Poniendo sobre la mesa las razones por las que sentimos que no podemos confiar al cien por cien en ella. Porque en el fondo de la figura cambiante, del camaleón, hay una cuestión de confianza. Y la confianza se genera teniendo conversaciones sinceras, no siempre sencillas ni agradables, pero productivas. En este caso, productivas en términos de confianza. Solo así podremos estar seguros de si va o viene o, ni que sea, compartir con él, con ella, nuestras dudas de manera significativa, clara y trasparente. Y, así, el camaleón es menos peligroso, se le ve venir.

El embaucador

Es muy posible que, cuando escuchamos *embaucador*, lo primero que nos venga a la cabeza sea algo parecido a timador. Alguien que nos va a estafar y nos va a perjudicar. No siempre es así. Es más, puede que nos ayude a desbloquear ciertas situaciones. Según nos cuenta Vogler, el embaucador es un enemigo natural del *statu quo*, de todo aquello aceptado de forma automática, asumido porque sí. Sin duda, esta función le acerca a la figura del bufón. Pero, además, también sirve para rebajar un poco el ego desmedido que puede tener el héroe en ciertos momentos del viaje, haciéndole ver que no solo existen sus intereses, misiones y propósitos, sino que también están los de los demás. Es por eso por lo que, en muchas ocasiones, el embaucador puede poner en problemas al héroe, ya que le engaña empujándole y jaleándole para que siga una dirección u otra, convenciéndole de que es por su bien, aunque en el fondo es por el suyo propio. De todos modos, en estos desvíos, el héroe, nosotros propiamente, tendremos la posibilidad de hacer descubrimientos que seguro nos van a ser de utilidad. Sea como sea, y aunque a veces el embaucador nos pueda llevar a una trampa, ya que siempre piensa en sus propios intereses, también es cierto que nos mantiene alerta, atentos a los vaivenes de nuestro ego y del propio devenir de la historia y de los acontecimientos. Es importante señalar que el embaucador, a su vez, es una figura cambiante, en el sentido de que a veces un héroe, un heraldo, incluso un guardián, por ejemplo, pueden asumir el rol de embaucador, cumplir su función y retomar las funciones de su arquetipo base. Incluso, en ocasiones nosotros podemos tener rasgos de embaucador, sin que esto sea malo moralmente hablando. Y, obviamente, también puede ser que esta figura, tan compleja y con tantos matices, simplemente quiera eso que decíamos al principio, hacernos daño en su propio beneficio y se acerque un poco a la sombra, el último arquetipo del viaje del héroe que vamos a sobrevolar.

La sombra

Aquí está la sombra con todas las connotaciones negativas que tiene esta palabra en nuestra sociedad, aunque, como todo en esta vida, puede enseñarnos y mostrarnos aquellas cosas que necesitamos ver y entender para completarnos. Sin embargo, no podemos negar que la sombra es el villano, lo oscuro, el que se opone al héroe y va a intentar que fracase por todos los medios, porque de alguna manera el éxito de uno es el fracaso de otro, o como mínimo así lo entiende la sombra. También es cierto, y eso es algo que debemos tener muy en cuenta y que las películas nos enseñan muy bien, que la sombra puede empezar no siéndolo. Un aliado puede evolucionar a lo largo del viaje y terminar siendo sombra. Incluso un mentor, o supuesto mentor, puede recorrer ese camino, aunque es verdad que, si el mentor te enseña el camino de la luz, la sombra te muestra otro, el del lado oscuro. Ya que hablamos en términos tan de Star Wars, podemos recordar que Darth Vader empieza siendo sombra y acaba redimiéndose para terminar convertido en aliado o casi mentor, ya que, de alguna manera, con sus fantasmagóricas apariciones, guía hacia el camino de la luz al joven Skywalker. Y es que en esta vida todo es cambiante, nada permanece, ya lo hemos visto. ¿Qué podemos aprender de esto? Primero que, por lo general, esto no es una película de Hollywood y pocas veces nuestra sombra, nuestro antagonista, será un Saruman con unos planes malvados para conquistar la Tierra Media. Será alguien como nosotros que percibirá el mundo como dual. Si yo gano, tú pierdes. Y es aquí donde nos es posible operar, intervenir en la realidad. Porque otra vez debemos ser muy conscientes, tan conscientes como humildes, de que, si en mi historia yo soy el protagonista, en la del otro no. Así evitaremos que nuestros aliados se conviertan en nuestros enemigos, porque los implicaremos de una forma orgánica a nuestro proceso, entendiendo sus propias necesidades, comprendiendo su particular viaje.

Debemos abrazar nuestras sombras. Nos cuentan algo de nosotros, algo que no nos estamos contando.

Otro elemento que es importante señalar es que, en muchas ocasiones, la sombra no es una persona, sino una situación que nos desafía y que simbólicamente apela a algo que tenemos reprimido dentro de nosotros. Y, como ya sabemos, sin sombra no hay conflicto, no hay reto, no existe el desafío, y sin desafío no hay historia, ni viaje ni transformación. Debemos abrazar nuestras sombras. Nos cuentan algo de nosotros, algo que no nos estamos contando y que, de querer crecer y avanzar por la senda del desarrollo personal, deberíamos hacerlo. Afrontarlo.

EJERCICIO ¿Quién has estado siendo?

Y hasta aquí esta vista panorámica del viaje del héroe y de los arquetipos que nos podemos ir encontrando al recorrerlo. Sin embargo, no debemos olvidar lo que indica Jung. Y es que, de alguna manera, todos estamos hechos de todos los arquetipos. De alguna forma representan el devenir de las etapas de una vida. Por eso es importante mirar a nuestro interior, a nuestro pasado, y ser conscientes de cómo y de qué manera hemos encarnado los distintos arquetipos en diferentes etapas de nuestra vida. Por eso te propongo este ejercicio. Piensa y anota, y cuéntate, en qué historias de tu vida has sido mentor, heraldo, guardián del umbral, bufón, camaleón, embaucador o sombra. Tómate tu tiempo. Medita. Revive. De esta manera entrenarás a tu percepción en todo lo relativo a las figuras que van a ir apareciendo en tu propio viaje del héroe.

DESENLACE

EL FINAL NO ES EL FINAL

A estas alturas del libro, si es que me has acompañado a lo largo de las páginas y no estás hojeándolo por primera vez y has caído por casualidad aquí, ya sabes a qué nos estamos refiriendo con esta frase que parece contradictoria. El final no es el final. Es el principio de una nueva historia que volverá a empezar con su nuevo mundo ordinario y sus nuevas llamadas a la aventura, pruebas, aliados, nudos y desenlaces... Sí, solo hay un final. Ya lo sabes, lo has sabido siempre. El único final posible es la muerte. Pero es precisamente esa consciencia, como hemos visto en Heidegger, del *ser para la muerte* la que hace que vivir con propósito sea la única manera de conseguir una vida auténtica, esa que nos es propia y, por tanto, propicia. ¿Cómo podría ser de otra manera? Así, cuando acabamos una historia, siempre abiertos a los aprendizajes que nos brinda, empezaremos otra. Y después, otra más. Lo importante, lo imprescindible, es avanzar en la dirección que deseamos. Que todas las historias tengan un sentido y que, desde ese sentido, seamos capaces de construir nuestro propio destino.

Oí una vez a Eduardo Galeano[1] explicar una conversación

---

1 Escritor inclasificable, Galeano es autor de *El libro de los abrazos*, una lección de vida donde el asombro, esa emoción que consigue sacarnos de las sombras, llega a sus cotas más elevadas. Además, ofrece uno de los textos más lúcidos acerca de la vida, «Un mar de fueguitos». Descubrirlo es una experiencia maravillosa. Para mí siempre lo es...

que había tenido con el director de cine Fernando Birri, donde explicaba algo acerca de las utopías. Cito de memoria, pero era algo así como que las utopías son como el horizonte. Si uno se acerca un paso, la línea del horizonte se aleja un paso. Si vas corriendo a su encuentro, el horizonte, entonces, se aleja a más velocidad. Lo mismo ocurre cuando vas más despacio o en coche o incluso calzado con las botas del famoso gato del cuento. Galeano explicaba que Birri se preguntaba para qué sirve el horizonte si por más que te acerques, por más que avances, él siempre se aleja. Pues precisamente para eso. Para seguir avanzando. Y, concluía el genial autor uruguayo, con las utopías sucede lo mismo, sirven para avanzar. El propósito no deja de ser una utopía personal. Tenerlo, dirigirse hacia él, paso a paso, a prisa o con pausa, es avanzar. Es no quedarse quieto. Es progresar. Por eso, cada historia que creamos y vivimos de forma significativa es un paso adelante en esta utopía y ella hace que no perdamos el rumbo, que nos mantengamos fieles a esa vida que nos es propia, a ese juego de sentido y destino. Así, después de una historia podemos crearnos en otra. Y luego en otra más y luego otra... Siempre avanzando hacia nosotros mismos. Esa es la clave y por eso el final no es el final. Es el principio de otra historia en la que empezarás, eso sí, de otra manera. Con nuevas herramientas, con todos los aprendizajes que, a su vez, te servirán para enfrentarte a nuevos desafíos, a marcarte metas más ambiciosas. Y así, una y otra vez, consiguiendo que tu vida sea un círculo virtuoso de historias que quieras vivir.

En cada desenlace, aprende qué ha sucedido, cómo has ido sucediendo tú mismo a lo largo de la historia. Todas ellas, todas las que vivirás, todas las que diseñarás para vivirlas, son tus mejores maestras, encierran un gran conocimiento. Y es tuyo. Propio. Nadie más puede acceder a tu propia sabiduría, es un tesoro personal al que llegarás por ti mismo mirando hacia dentro desde todo lo que ocurre hacia fuera.

Y eso es todo... solo me falta una cosa. Hablarte de los unicornios.

BIBLIOGRAFÍA Y UNICORNIOS

Si hay algo de lo que me he dado cuenta (y ya sabes, por tanto, puedo contar) a lo largo de los cursos, sesiones y talleres impartidos, es que a todos nos fascinan los unicornios. A veces, eso sí, es como si nos diera vergüenza admitirlo, tal vez porque se ha abusado mucho de la relación entre unicornios y purpurina. Pero en el fondo todos y todas sabemos que estos seres mágicos conectan, de alguna manera, con lo mágico que habita en nosotros. Y siempre hablo de ellos cuando quiero hablar de libros. Sí, sé que no parece que haya mucha relación, pero déjame contarte, porque no sé si alguna vez has tenido a tu cargo a un unicornio. Si es así sabrás que solo pueden beber agua en movimiento. Es decir, si beben de aguas quietas, como puede ser un lago, un charco o un vaso de agua, enferman. Pierden su magia. Los unicornios solo pueden saciar su sed con aguas que corren. Aguas de ríos, aguas de fuentes, aguas libres. Así beben los unicornios. Pues bien, a nosotros, que también somos seres mágicos, nos ocurre lo mismo. Debemos beber de las fuentes, de aguas que transcurren libres y llenas de vida para mantenernos libres y llenos de vida. Esa libertad yo la encuentro en los libros. En las lecturas. En los antiguos clásicos. En los nuevos clásicos. En los futuros clásicos. Da igual. Lo importante es que leer es imprescindible para mantener nuestra magia, para permanecer unicornios.

A lo largo de las páginas he citado varios libros. Son algunos de los que me han hecho crecer, sentir, vivir y aprender...

son los míos. Son mis fuentes. Mi cerebro tiene partes de todos ellos. Por supuesto, cada uno tiene los suyos, pero tal vez te sirva esta relación bibliográfica. Puede que encuentres alguno que te impacte, que lo leas y te dé pistas de algo que para ti es importante... Sea como sea, aquí tienes la relación de los libros que han ido saliendo. Por orden de aparición:

DICKENS, CHARLES, *Canción de Navidad*, Barcelona, Austral, 2018.

PETERS, TOM, y ROBERT H. WATERMAN, JR., *En busca de la excelencia*, Estados Unidos, Harper Collins, 2017.

DOYLE, SIR ARTHUR CONAN, Las aventuras de Sherlock Holmes, Barcelona Penguin Clásicos, 2017.

DOYLE, SIR ARTHUR CONAN, *Las memorias de Sherlock Holmes*, Barcelona, Editorial Alma, 2020.

PROUST, MARCEL, *En busca del tiempo perdido*, Madrid, Grupo Anaya, 2011.

CHESTERTON, G. K., *Los relatos del padre Brown*, Barcelona, Acantilado, 2015.

MURAKAMI, HARUKI, *De qué hablo cuando hablo de escribir*, Barcelona, Tusquets Editores, 2017.

D'ORS, PABLO, *Biografía del silencio: Breve ensayo sobre meditación*, Madrid, Ediciones Siruela, 2019.

Santa Biblia. Versión de Casiodoro Reina (1569) Revisada por Cipriano Valera (1602) -Revisión 1960. Philadelphia, Pensilvania, USA: Sociedades Bíblicas en America Latina, National Publishing Company.

AUSTIN, JOHN L., *Cómo hacer cosas con palabras*, Barcelona, Ediciones Paidós, 2016.

RUIZ, DR. RICARDO, *Los cuatro acuerdos*, Barcelona, Urano, 1998.

CAMERON, JULIA, *El camino del artista*, Madrid, Aguilar, 2021.

BASSAT, LUIS, *El libro rojo de la publicidad. Ideas que mueven montañas*, Barcelona, Debolsillo, 1994.

OGILVY, DAVID, *Ogilvy & La publicidad*, Barcelona, Ediciones Folio, 2001.

GOLEMAN, DANIEL, *Inteligencia emocional*, Barcelona, Kairós, 1996.

DAMASIO, ANTONIO, *El error de Descartes: La emoción, la razón y el cerebro humano*, Barcelona, Booket, 1994.

BUCAY, JORGE, *Cuentos para pensar*. Barcelona. RBA Editorial. 2012.

FRANKL, VIKTOR E., *El hombre en busca de sentido*, Barcelona, Herder, 1991.

LIPTON, BRUCE H., *La biología de la creencia*, Madrid, La esfera de los libros, 2007.

LAWRENCE, T. E., *Los siete pilares de la sabiduría*, B de Bolsillo (Ediciones B), Barcelona, 2007.

DOSTOIEVSKI, FIÓDOR, *Crimen y castigo*, Barcelona, RBA Libros, 2019.

CERVANTES SAAVEDRA, MIGUEL DE, *Don Quijote de la Mancha*, Madrid, Alfaguara, 2004.

MIRALLES, FRANCESC, y HÉCTOR GARCÍA, *Ikigai: Los secretos de Japón para una vida larga y feliz*, Barcelona, Urano, 2016.

PRATCHETT, TERRY, *El color de la magia* (Mundodisco 1), Barcelona, Debolsillo, 2020.

WITTGENSTEIN, LUDWIG, *Tractatus logico-philosophicus. Investigaciones filosóficas*, Madrid, Gredos, 2017.

ARENDT, HANNAH, *Los orígenes del totalitarismo*, Madrid, Alianza Editorial, 2006.

TANAKA, MASATO y TETSUYA SAITO, *Gran historia visual de la filosofía*, Barcelona, Blackie Books, 2020.

SINEK, SIMON, *Empieza con el porqué. Cómo los grandes líderes motivan a actuar*, Barcelona, Empresa Activa, 2018.

ARISTÓTELES, *Poética*, Madrid, Alianza Editorial, 2013.

ROWLING, J. K., *Harry Potter, la serie completa*, Barcelona, Salamandra Infantil y Juvenil, 2020.

LUPTON, ELLEN, *El diseño como storytelling*, Barcelona, Editorial Gustavo Gili, 2019.

TOLSTÓI, LEV. n., *Guerra y paz*, Barcelona, Alba Editorial, 2021.

GARCÍA DE oro, GABRIEL, *101 cuentos emocionante*s, Madrid, Anaya infantil y juvenil, 2021.

TOLKIEN, J. R. R., *El Señor de los Anillos. La comunidad del anillo*, Barcelona, Planeta, 2012.

TOLKIEN, J. R. R., *El Señor de los Anillos. Las dos torres*, Barcelona, Planeta, 2012.

TOLKIEN, J. R. R., *El Señor de los Anillos. El retorno del rey*, Barcelona, Planeta, 2012.

HAN, BYUNG-CHUL, *El aroma del tiempo*, Barcelona, Herder Editorial, 2015.

VARGAS LLOSA, MARIO, *Cartas a un joven novelista*, Madrid; Alfaguara, 2011.

COLERIDGE, SAMUEL TAYLOR, *Biographia literaria*, Valencia, Editorial Pre-Textos, 2010.

BROOKE, L. LESLIE, *La verdadera historia de los tres cerditos*, Rubí, Picarona Editorial, 2017.

PERRAULT, CHARLES, JACOB y WILHELM GRIMM, y LUDWIG TIECK, *Caperucita Roja*, Madrid, Nórdica Libros, 2011.

JODOROWSKY, ALEJANDRO, *Psicomagia*, Barcelona, Debolsillo, 2006.

SHILLER, ROBERT, *Narrativas económicas. Como las fake news y las historias virales afectan la marcha de la economía*, Barcelona, Deusto, 2021.

PLATÓN, *Apología de Sócrates; Menón; Crátilo*, Madrid, Alianza Editorial, 2014.

RODARI, GIANNI, *Gramática de la fantasía. Introducción al arte de inventar historias*, Pontevedra, Kalandraka, 2010.

CYRULNIK, BORIS, *(Super)héroes: ¿Por qué los necesitamos?*, Barcelona, Gedisa Editorial, 2016.

CYRULNIK, BORIS, *Escribí soles de noche*, Barcelona, Gedisa Editorial, 2020.

SÓFOCLES, *Antígona*, Madrid, Gredos, 1981.

SHAKESPEARE, WILLIAM, *Hamlet*, Barcelona, Austral, 2019.

KAFKA, FRANZ, *La metamorfosis*, Barcelona, Austral, 2015.

ARISTÓTELES, *Ética a Nicómaco*, Madrid, Grupo Anaya Publicaciones Generales, 2015.

SÓFOCLES, *Edipo Rey*, Barcelona, Austral, 2011.

VIRGILIO, *Eneida*, Barcelona, Cátedra, 2006.

MALORY, SIR THOMAS, *La muerte del rey Arturo*, Madrid, Siruela, 1996.

ANÓNIMO, *Beowulf*, Madrid, Grupo Anaya Publicaciones Generales, 2019.

ARIOSTO, LUDOVICO, *Orlando Furioso*, Barcelona, Austral, 2017.

LEBLANC, MAURICE, *Arsène Lupin. Caballero ladrón*, Barcelona, Roca Bolsillo, 2021.

HERMAN, TODD, *El poder de tu alter ego: Crea una identidad secreta para desarrollar todo tu potencial*, Barcelona, Empresa Activa, 2019.

JUNG, CARL GUSTAV, *Arquetipos e inconsciente colectivo*, Barcelona, Ediciones Paidós, 2009.

HESSE, HERMANN, *Siddhartha*, Barcelona, Debolsillo, 2014.

MCCARTHY, CORMAC, *La carretera*, Barcelona, Debolsillo, 2009.

HOMERO, *Odisea*, Barcelona, Austral, 2017.

BUKOWSKI, CHARLES, *El infierno es un lugar solitario*, Tafalla, Txalaparta, 1997.

HAN, BYUNG-CHUL, *La desaparición de los rituales*, Barcelona, Herder Editorial, 2020.

CHESTERTON, G. K., *Lo que está mal en el mundo*, Barcelona, Acantilado, 2008.

CAVAFIS, CONSTANTINO, *Poesía completa*, Valencia, Pre-textos, 2015.

HUGO, VICTOR, *Los miserables*, Barcelona, Austral, 2018.

CAMPBELL, JOSEPH, *El héroe de las mil caras*, Madrid, Fondo de Cultura Económica de España, 2015.

JOYCE, JAMES, *Finnegans Wake*, Buenos Aires, El cuenco de plata, 2016.

VOGLER, CHRISTOPHER, *El viaje del escritor*, Barcelona, Robinbook, 2012.

VONNEGUT, KURT, *Un hombre sin patria*, Barcelona, Ediciones del Bronce, 2006.

VONNEGUT, KURT, *Matadero cinco: La cruzada de los niños*, Barcelona, Blackie Books, 2021.

GALEANO, EDUARDO, *El libro de los abrazos*, Madrid, Editorial Siglo XXI, 1993.

AGRADECIMIENTOS

Dar las gracias, sentir gratitud y expresarla es un precioso acto de apertura a los demás; a todas aquellas personas que, con sus aportaciones, nos han ayudado a ser lo que somos hoy y, a su vez, nos van a ayudar a convertirnos en aquello que aspiramos a ser mañana. Dar las gracias también es un acto de humildad y reconocimiento que, para mí, tiene el valor de que me reconozco en el otro y acepto los regalos que me ofrece. Así, mi primera muestra de gratitud es hacia ti, que has llegado aquí y que has decidido invertir tu tiempo en este viaje. Cierto, no nos conocemos, pero siento que sí. Esa sensación es hermosa. ¡Gracias!

Me gustaría seguir con mis padres, **Mercè y Francisco**. Ellos siempre me han alentado en mi camino. Son las estrellas que me guían y sé que, aun en la noche más oscura, solo tendré que levantar la cabeza y buscar su brillo. Cuando lo encuentro, sé por dónde seguir. ¡Gracias!

Gracias también a mis hermanos, **Nacho y Luis**, y lo hago, ¡claro!, desde esa fuente etimológica de la que hemos bebido a lo largo de todas estas páginas. *Hermano* proviene del latín frater *germanus*, donde *germanus* significa 'natural, genuino, auténtico'. Y, qué casualidad, eso es lo que me han enseñado los dos, cada uno a su modo, como no puede ser de otra manera.

Sigo con **Purificación**, mi mujer, y **Mauro**, mi hijo, que no solo comparten mi pasión por las historias, sino que son parte de la mía y me dejan formar parte de la suya. Esta es, tal vez, la mejor definición de familia que conozco. ¡Gracias!

Doy un giro y veo la **Escuela Europea de Coaching,** donde me formé como coach. Reconozco que, cuando decidí, de forma algo impulsiva, adentrarme en el universo del crecimiento personal y del coaching, no sabía muy bien qué iba a suceder. ¿Sabes qué ocurrió? Que me formé, sí, pero además me transformé. Confieso que sentí cierta nostalgia, también. Esa sensación de que debería haberme formado antes, que de haber sido así hubiese llegado a muchos lugares a los que, simplemente, he tardado más en llegar. Tal fue su poder. Y a mí me gusta entender *poder* como *ser capaz de*... Y precisamente esto es lo que sucedió. De repente me vi capaz de muchas cosas, como, por ejemplo, escribir este libro donde la palabra *coaching* es tan importante como la palabra *storytelling*. ¿Será que se complementan? Seguro, como a mí me completaron Blanca, Manuela, Rosa, Joan, Mónica, Luis, Josep, Patxi, Sandra, Yanina, Cristina... A todos, a todas y a los que forman este equipo en Barcelona, os envío mi gratitud. Y, sin abandonar la escuela, quiero hacer una especial mención a Lucy, que fue mi tutora, mi faro en el embravecido mar del acompañamiento personal. Además, por si fuera poco, me presentó a su marido, Dan, con quien aprendí el storytelling que hay detrás de las emociones y con quien viví unos talleres absolutamente inspiradores con su **School of Emotions**. ¡Gracias!

Turno ahora de una de las personas que más me ha ayudado a entenderme y a configurar mi poder personal, encauzarlo y hacer que sirva para algo, que, si te soy sincero, dudas sigo teniendo a ratos. Pero ella, no. Y ella es **Gemma Gutiérrez,** con quien no solamente he compartido años y años en Ogilvy, donde es su directora general, sino que ahora hemos fundado **Fantástica School,** una escuela que existe para acercar a todo el mundo el secreto de cómo funcionan las historias que funcionan y de cómo podemos aprovechar esa magia en beneficio propio, es decir, de nuestro propósito personal. En realidad, si te ha gustado este libro, si te ha servido para algo, deberás, tú también, agradecérselo a Gemma. Ella me empujó, inspiró y alentó a que le diera forma y lo ofreciera al mundo. ¡Gracias!

Por supuesto, aquí no puede faltar **Sandra Bruna**, mi agente literaria y, por encima de todo, mi amiga superheroína. Sí, su superpoder tiene que ver con el espacio y el tiempo. No sé cómo lo hace, pero siempre está ahí cuando tiene que estar ahí. ¡Gracias!

Ahora me reservo estas líneas para hablarte de **Francesc Miralles**, amigo del alma y compañero de tantas, tantas aventuras... ¡Qué decir! Mira, te contaré algo. A él le gusta definirse como sherpa literario, es decir, alguien que ayuda a los demás a subir la montaña de sus propias ambiciones. Pues bien, él sabe, porque lo hemos hablado muchas veces, que a mí no me acaba de convencer esta definición. ¿Cómo podría hacerlo? ¡Él es la montaña! El paisaje, la majestuosidad de sentir una fuerza de la naturaleza que inspira a quien se encuentra con ella. Gracias por dejarme participar de esa grandeza. ¡Gracias!

No quiero olvidarme de **Brother**, la escuela de creativos más premiados del mundo, y de su líder en España, Mauro Suarez, que me ha abierto siempre la puerta de esta familia y, de paso, de toda Latinoamérica. ¡Gracias totales!

Ahora sí, para ir cerrando, quiero dar las gracias a **Pilar Jericó**, que ha abierto el libro con un prólogo que consigue lo que ella suele conseguir, mejorar las cosas. Siento una inmensa admiración por todo lo que eres capaz de enseñarnos y de cómo has conseguido, a través de tus charlas y libros, inspirar a tanta, tanta gente... ¡Gracias!

Y esto es todo, aunque seguro que no están todos ni todas las personas que deberían estar, pero sabes y sientes que, de todos modos, estás en mi corazón. Así que, gracias, gracias, gracias.

SIGUE LA HISTORIA EN

FANTÁSTICA SCHOOL

¿Recuerdas que hemos hablado del propósito? ¿Del para qué? ¿De la importancia de tenerlo para orientarnos a una existencia que nos sea propicia? Pues bien. Una cosa que no te he dicho es que el propósito obliga. Una vez lo tienes... tienes que hacer algo con él. Yo, sabes, tengo el mío: **Alentar los sueños de las personas a través de las historias, tanto de las que yo creo como de las que pueden crear ellas mismas.** Así que puedo decir que casi me he visto obligado a encontrar los aliados para llevar este propósito a la realidad. ¿Cómo? Fundando **Fantástica School**. Un espacio donde seguir transmitiendo la magia de las historias. Un lugar en el que aprender, trabajar, desarrollar y desbloquear ese conocimiento que todos tenemos, que todas poseemos: ser autores de nuestro propio destino, contadores de nuestras propias historias. **Fantástica School** es la primera escuela dedicada a la formación integral de storytelling orientada a la transformación de personas y negocios. ¡Además ya tenemos imagen gráfica! Pero, conociéndome como ya me conoces, sabrás que no es solo una imagen... detrás hay una historia. ¿Te la cuento?